Oda Tietz

Die besten Streuselkuchen

Bassermann

Inhaltsübersicht

Wissenswertes

Rezepte

Fruchtige Streuselkuchen

Streuselkuchen mit Quark, Pudding, Sahne und Schmant

Streuselkuchen mit Nuss, Mandel, Mohn und Schokolade

Unvergessliche Gaumenfreuden

Streuselkuchen sind köstlich. Sie sehen verlockend aus, betören mit ihrem Duft, verführen zum Reinbeißen. Zudem präsentieren sich die Prachtstücke in großer Vielfalt. Mit leckeren Füllungen versehen, werden sie zu Festtagskuchen der feinen Art. Voller Saft und Süßigkeit stecken sie, wenn sich Frucht an Frucht auf schlichtem Teig vereint und ihn aromatisch und würzig macht. Von einer sanften, zarten Seite zeigen sie sich, wenn Creme und Sahne mit von der Partie sind. Und was besonders schön ist: Streuselkuchen sind rasch gebacken. Der Fantasie sind dabei keine Grenzen gesetzt.
Die zuckrig-buttrigen Streusel lassen sich auf verschiedenste Art und Weise verfeinern – mit Vanille, Zimt und Rum, mit Mandeln, Pistazien, Marzipan oder mit Kokosraspeln, Schokolade, Rosenzucker, Eierlikör und feinem Sirup.
Streuselkuchen schmecken zu jeder Jahreszeit und zu jedem Anlass. Man muss ihnen nur kulinarisch ein wenig schmeicheln – mit erlesenen Zutaten, mit Poesie und Muße, mit Neugier und Probierfreude. Streuselkuchen stecken voller Zauber, denn was sich unter den hellen und dunklen Streuseln verbirgt – Aprikosen, Birnen, Äpfel, Kirschen, Pflaumen, aromatische Konfitüre, Mohn oder Quark – entdeckt man meist erst auf den zweiten Blick oder nach dem ersten genussvollen Bissen.

Gönnen Sie den knusprigen Schönheiten den großen Auftritt bei einer gemütlichen Kaffeestunde. Ihre Familie, Freunde und Gäste werden bei diesen Genüssen kräftig zulangen und nicht mit Lob sparen. Denn das ist gewiss: Streuselkuchen garantieren unvergessliche Gaumenfreuden.

Die goldenen Backregeln

- Verwenden Sie nur Zutaten von bester Qualität.
- Eier, Butter und Sahne sollten ganz frisch sein.
- Wiegen Sie alle Zutaten vor dem Backen ab, und stellen Sie sie in Reichweite.
- Für die Rezepte in diesem Buch wurden Eier von frei laufenden Hühnern verwendet. Ein Ei hat ein Gewicht von 65 bis 70 Gramm und entspricht der Gewichtsklasse L.
- Eier zählen zu den leicht verderblichen Lebensmitteln. Deshalb ist es ratsam, sie, bevor sie zum Teig gegeben werden, über einer Tasse aufzuschlagen. Hat das Eigelb eine kugelige Form, und ist das Eiweiß dickflüssig, ist das Ei in Ordnung.
- Das Mehl (am besten eignet sich Auszugsmehl Typ 405) sollten Sie immer sieben, dann ist es lockerer und verbindet sich leichter mit den anderen Zutaten.
- Mehl reagiert nicht immer gleich. In einem Jahr ist es trockener, im nächsten feuchter – je nachdem, wie der Witterungsablauf bei der Getreideernte ist. Deshalb ist zu beachten, dass die Mengenangaben, insbesondere bei den flüssigen Teigzutaten wie Milch, Eiern und Öl, nur Durchschnittswerte sein können. Achten Sie beim Zubereiten auf die gewünschte Beschaffenheit des Teiges.

- Kommt Backpulver zum Teig, dann wird es mit dem Mehl vermischt und gesiebt. Das garantiert einen lockeren und luftigen Teig.

Die verschiedenen Teigarten

- Beim Mürbteig ist zu beachten, dass er kalte Zutaten, reichlich Butter und wenig Eier (sie machen den Teig hart) braucht. Er muss gut durchgeknetet werden und danach 30 Minuten im Kühlschrank ausruhen.
- Ganz einfach ist ein Rührteig: Zuerst wird die Butter schaumig geschlagen. Danach wird der Zucker untergerührt, bis er sich aufgelöst hat. Dann die Eier zufügen. Zuletzt wird das mit dem Backpulver vermischte Mehl untergerührt. Sobald das Mehl nicht mehr sichtbar ist, nicht mehr rühren, denn zu langes Rühren aktiviert das Klebereiweiß im Mehl, und der Teig wird zäh. Perfekt ist der Teig, wenn er schwer reißend vom Löffel fällt.
- Beim Hefeteig ist zu beachten, dass Hefe Zeit und Ruhe zum Aufgehen braucht – und das gleich zweimal. Die unmittelbare Berührung mit Salz und Fett nimmt Hefe übel. Salz entzieht den Hefezellen Feuchtigkeit, die Berührung mit Fett verhindert, dass sich die Hefezellen vermehren. Doch Vorsicht:
  Die zugefügte Flüssigkeit darf nicht zu heiß und nicht zu kalt sein. Heiße Flüssigkeit würde die Hefebakterien sofort abtöten. Zu kalte Flüssigkeit verringert die Triebkraft der Hefe.
  Alle Zutaten sollten Zimmertemperatur haben – also Zutaten wie Eier, Butter oder Milch immer rechtzeitig aus dem Kühlschrank nehmen.
  Außerdem will der Teig kräftig geknetet werden. Wenn er sich vom Schüsselboden löst und seidig glänzt, dann kann er auf einer bemehlten Fläche ausgerollt und anschließend auf das eingefettete Backblech gegeben werden.
  Wird Trockenhefe verwendet, entfällt die Zubereitung des Vorteiges. Trockenhefe wird mit gesiebtem Mehl vermischt und mit den restlichen Zutaten zu einem geschmeidigen Teig verknetet. Ein Beutel Trockenhefe enthält 7 Gramm, das entspricht 25 Gramm Frischhefe.

Und nun: Viel Freude beim Backen und Genießen!

Streusel zubereiten – Schritt für Schritt

1 Das Mehl für die Streusel in eine geeignete, ausreichend große Schüssel sieben.

2 Den Zucker, die Gewürze und zuletzt die kalte Butter in Stückchen zugeben.

3 Mit den Händen je nach Belieben größere oder kleinere Streusel formen.

Fruchtige Streuselkuchen

Bunter Obstkuchen

Für den Teig

125 g weiche Butter
125 g Zucker
1 Pck. Vanillezucker
3 Eier
1 Prise Salz
200 g Mehl
2 TL Backpulver
3 EL Milch
2 EL Zwiebackbrösel

Für den Belag

400 g Sauerkirschen
6 Aprikosen
2 EL Johannisbeergelee

Für die Streusel

200 g Mehl
180 g Zucker
2 TL Rosenzucker (siehe Seite 94)
180 g kalte Butter

Ausserdem

nach Belieben Puderzucker zum Bestäuben

1 Für den Teig die Butter in einer Schüssel schaumig rühren, den Zucker, den Vanillezucker, die Eier und das Salz einrühren. Das Mehl mit dem Backpulver vermischen, sieben und esslöffelweise mit der Milch in den Eierschaum einrühren.

2 Eine Springform einfetten. Den Teig einfüllen und mit einem Spatel glatt streichen. Zwiebackbrösel oben darauf streuen.

3 Die Sauerkirschen entsteinen, die Aprikosen halbieren und ebenfalls entsteinen.

4 Die Aprikosenhälften rings um den Außenrand anordnen, die Kirschen in die Teigmitte legen. Die Kirschen mit Johannisbeergelee überziehen.

5 Für die Streusel das Mehl in eine Schüssel sieben und mit dem Zucker und dem Rosenzucker vermischen. Die Butter in Stückchen zugeben. Mit den Händen Streusel formen. Die Streusel auf die Früchte streuen.

6 Den Kuchen im vorgeheizten Backofen bei 200 °C (Gas Stufe 3, Umluft 180 °C) etwa 25 Minuten backen.

7 Den Kuchen herausnehmen und auskühlen lassen. Auf eine Kuchenplatte setzen und nach Belieben mit Puderzucker bestäuben.

Apfelkuchen

Für den Teig

400 g Mehl
2 TL Backpulver
150 g Zucker
1 Pck. Vanillezucker
1 Prise Salz
2 EL Milch
1 Ei
180 g kalte Butter

Für den Belag

1,5 kg Äpfel
3 EL Weißwein
100 g Zucker
1 TL Zimt
50 g Rosinen
2 TL Speisestärke
50 g gehackte Mandeln

Für die Streusel

300 g Mehl
225 g Zucker
1 Pck. Vanillezucker
1 EL Eierlikör
1 Prise Zimt
225 g kalte Butter
1 TL Milch
Puderzucker

1 Für den Teig das Mehl mit dem Backpulver vermischen, in eine Schüssel sieben und in die Mitte eine Vertiefung drücken. Zucker, Vanillezucker, Salz, Milch und das Ei in die Vertiefung geben, einen dicken Brei anrühren.

2 Die Butter in Stücke schneiden, auf den Brei legen und von der Mitte her alle Zutaten verkneten. Den Teig zu einer Kugel formen und 30 Minuten kalt stellen.

3 Inzwischen für den Belag die Äpfel schälen, in Stücke schneiden, dabei das Kerngehäuse entfernen. Die Apfelstücke mit 2 EL Wein, Zucker, Zimt und den Rosinen 5 Minuten dünsten.

4 Speisestärke in dem restlichen Wein glatt rühren, zu den Äpfeln geben, kurz aufkochen. Den Topf vom Herd nehmen, die Mandeln einrühren. Auskühlen lassen.

5 Ein Backblech einfetten. Den Teig ausrollen, auf das Backblech legen und den Rand hochziehen, mehrmals einstechen und mit der Apfelmasse bestreichen.

6 Für die Streusel das Mehl in eine Schüssel sieben. Zucker, Vanillezucker, Eierlikör und Zimt untermischen. Die Butter in Stückchen zugeben, Streusel formen, dabei die Milch zufügen. Die Streusel auf der Apfelmasse verteilen.

7 Im vorgeheizten Backofen bei 200 °C (Gas Stufe 3, Umluft 180 °C) etwa 30 Minuten backen. Den Kuchen herausnehmen, auskühlen lassen, mit Puderzucker bestäuben.

Birnenkuchen

Für den Belag

1 kg Birnen
⅛ l Weißwein
1 TL Zimt
2 TL Zucker

Für den Teig

150 g weiche Butter
150 g Zucker
4 Eier
1 Prise Salz
6 EL Milch
2 EL Weinbrand
400 g Mehl
100 g Speisestärke
½ TL Zimt
1 Pck. Backpulver
100 g gehackte Mandeln

Für die Streusel

300 g Mehl
225 g Zucker
2 EL Kakao
225 g kalte Butter

Ausserdem

4–5 EL flüssige Sahne

1 Für den Belag die Birnen schälen, halbieren, Stiele und Kerngehäuse entfernen. Wein, Zimt und Zucker erhitzen, die Birnenhälften hineingeben und 4 Minuten köcheln lassen. Die Birnen herausnehmen und abtropfen lassen.

2 Für den Teig Butter und Zucker schaumig schlagen. Die Eier, das Salz, die Milch und den Weinbrand mit den Rührbesen unterschlagen. Mehl, Speisestärke, Zimt und Backpulver vermischen, auf die Eimasse sieben und mit den Mandeln unterheben.

3 Ein Backblech mit Backpapier auslegen, den Teig daraufgeben und glatt streichen. Die Birnen mit der Wölbung nach oben auf den Teig geben und etwas hineindrücken.

4 Für die Streusel das Mehl in eine Schüssel sieben und mit dem Zucker und dem Kakao vermischen. Die Butter in Stückchen zugeben, Streusel formen und auf die Birnen streuen.

5 Den Kuchen im vorgeheizten Backofen bei 200 °C (Gas Stufe 3, Umluft 180 °C) etwa 25 Minuten backen. Herausnehmen, mit der flüssigen Sahne bestreichen.

Kirschkuchen mit Schmalzstreuseln

Für den Teig

500 g Mehl
30 g Hefe
4 EL Zucker
¼ l Milch
100 g weiche Butter
1 Ei
1 Prise Salz
1 TL abgeriebene, unbehandelte Zitronenschale
1 Prise Muskat

Für den Belag

3 EL Semmelbrösel
1,5 kg entsteinte Sauerkirschen

Für die Streusel

200 g Mehl
200 g Zucker
100 g gemahlene Mandeln
1 Prise Zimt
1 Prise Salz
200 g kaltes Butterschmalz

1 Das Mehl in eine Schüssel sieben, in die Mitte eine Vertiefung drücken. Die Hefe zerbröckeln, mit 1 TL Zucker in etwas lauwarmer Milch verquirlen und in die Vertiefung geben. Etwas Mehl vom Rand zugeben und einen dickflüssigen Vorteig anrühren. Zugedeckt an einem warmen Ort 20 Minuten gehen lassen.

2 Den restlichen Zucker, die Butter in Flöckchen, Ei, Salz, Zitronenschale und Muskat auf dem Mehlrand verteilen und von der Mitte her alle Zutaten miteinander verkneten, dabei die restliche Milch zufügen. Zugedeckt 30 Minuten gehen lassen.

3 Ein Backblech einfetten. Den Teig durchkneten, ausrollen und auf das Backblech legen, den Rand hochziehen. Mit einer Gabel mehrmals einstechen und die Semmelbrösel aufstreuen. Die Teigplatte mit den abgetropften Kirschen belegen.

4 Für die Streusel das Mehl in eine Schüssel sieben, Zucker, Mandeln, Zimt und Salz untermischen. Das Butterschmalz in Stückchen zugeben, Streusel bereiten und auf die Kirschen streuen. Im vorgeheizten Backofen bei 200 °C (Gas Stufe 3, Umluft 180 °C) etwa 25 Minuten backen.

Rhabarberkuchen mit Mandeln

Für den Teig

200 g abgetropfter Quark
1/8 l Milch
1/8 l Öl
125 g Zucker
1 Ei
1 Prise Salz
1 TL abgeriebene, unbehandelte Zitronenschale
400 g Mehl
1 Pck. Backpulver

Für den Belag

1 kg Rhabarber
1 EL Weißwein
1/4 l Milch
1 Pck. Vanillepuddingpulver
200 g Zucker
200 g saure Sahne
2 Eigelb
100 g zerlassene Butter
2 EL Zwiebackbrösel
2 EL gemahlene Mandeln

Für die Streusel

250 g Mehl
50 g gehackte Mandeln
50 g gemahlene Mandeln
250 g Zucker
250 g kalte Butter

Außerdem

Puderzucker zum Bestäuben

1 Für den Teig den Quark durch ein Sieb in eine Schüssel streichen und mit der Milch, dem Öl, dem Zucker, dem Ei, dem Salz und der Zitronenschale vermengen. Mehl und Backpulver vermischen, sieben, unter die Quarkmasse mengen und einen geschmeidigen Teig kneten.

2 Ein Backblech einfetten. Den Teig auf einer bemehlten Fläche ausrollen, auf das Backblech legen und den Rand hochziehen.

3 Für den Belag den Rhabarber putzen, waschen, in Stücke schneiden und mit dem Weißwein in einem Topf bei milder Hitze etwa 2 Minuten dünsten. Danach vom Herd nehmen.

4 Milch und Puddingpulver verrühren. Zucker, Sahne, Eigelb und die Butter unterrühren.

5 Zwiebackbrösel und Mandeln vermischen und über den Teig auf dem Blech streuen. Den Rhabarber darauf legen und mit der Milchmischung überziehen.

6 Für die Streusel das Mehl in eine Schüssel sieben und mit den Mandeln und dem Zucker vermischen. Die Butter in Stückchen zugeben, mit den Händen oder mit Hilfe von zwei Gabeln Streusel formen und diese gleichmäßig auf den Rhabarber streuen.

7 Den Teig im vorgeheizten Backofen bei 200 °C (Gas Stufe 3, Umluft 180 °C) etwa 25 Minuten backen. Den Kuchen herausnehmen, auskühlen lassen und mit Puderzucker bestäuben.

Streuselkuchen mit Aprikosenkonfitüre

Für den Teig

450 g Mehl
30 g Hefe
100 g Zucker
¼ l Milch
100 g gemahlene Mandeln
1 TL abgeriebene, unbehandelte Zitronenschale
2 Eier
1 Prise Salz
100 g weiche Butter

Für den Belag

500 g Aprikosenkonfitüre
100 g gehackte Mandeln
1 kg Aprikosen

Für die Streusel

250 g Mehl
125 g gemahlene Mandeln
250 g Zucker
2 EL Weinbrand
250 g kalte Butter

Außerdem

4–5 EL flüssige Sahne

1 Das Mehl in eine Schüssel sieben. Die Hefe zerbröckeln, mit 1 TL Zucker in lauwarmer Milch verrühren, in eine Vertiefung gießen. Mit Mehl vom Rand einen Vorteig anrühren. 20 Minuten gehen lassen.

2 Den restlichen Zucker, Mandeln, Zitronenschale, Eier, Salz und Butter in Flöckchen auf dem Mehl verteilen. Von der Mitte her alles verkneten, dabei die restliche Milch zugeben. 30 Minuten gehen lassen.

3 Das Backblech einfetten. Den Teig kneten, ausrollen, auf das Blech legen, den Rand hochziehen. Den Teig mit der Gabel einstechen, mit der Konfitüre bestreichen, die Mandeln aufstreuen. Die Aprikosen klein schneiden, auf den Teig legen.

4 Für die Streusel Mehl mit Mandeln und Zucker vermischen. Weinbrand und Butter in Stückchen zugeben. Streusel formen und auf den Früchten verteilen. Bei 200 °C (Gas Stufe 3, Umluft 180 °C) etwa 25 Minuten backen. Herausnehmen, mit Sahne bestreichen.

Zwetschgenkuchen

Für den Teig

375 g Mehl
50 g Speisestärke
2 TL Backpulver
200 g Zucker
1 Pck. Vanillezucker
1 Prise Salz
1 Ei
200 g kalte Butter
2 EL Semmelbrösel
2 EL gemahlene Mandeln

Für den Belag

1,2 kg Zwetschgen

Für die Streusel

250 g Mehl
100 g gemahlene Mandeln
225 g Zucker
1 Prise Zimt
250 g kalte Butter

1 Für den Teig das Mehl, die Speisestärke und das Backpulver in eine Schüssel sieben. In die Mitte eine Vertiefung drücken. Den Zucker, den Vanillezucker, das Salz, das Ei und die kalte Butter in Stückchen hineingeben. Von der Mitte her alle Zutaten zu einem glatten Teig verkneten. 30 Minuten im Kühlschrank kalt stellen.

2 Für den Belag die Zwetschgen gründlich waschen, abtropfen, halbieren und entsteinen.

3 Den Teig auf einer bemehlten Fläche ausrollen. Ein Backblech einfetten, den Teig hineinlegen. Die Semmelbrösel und die gemahlenen Mandeln auf den Teig streuen. Den Kuchen mit den halbierten Zwetschgen belegen.

4 Für die Streusel das Mehl mit den Mandeln, dem Zucker und dem Zimt vermischen. Die kalte Butter in Stückchen zugeben, rasch mit den Händen oder mit Hilfe von zwei Gabeln Streusel formen. Die Streusel gleichmäßig auf die Zwetschgen streuen.

5 Den Kuchen in den vorgeheizten Backofen schieben und bei 200 °C (Gas Stufe 3, Umluft 180 °C) etwa 25 Minuten backen.

Mandarinen-Orangen-Kuchen

Für den Teig

200 g weiches Butterschmalz
150 g Zucker
1 TL abgeriebene, unbehandelte Zitronenschale
4 Eier
1 Prise Salz
⅛ l Sahne
2 EL Rum
1–2 Tropfen Rum-Aroma
100 g gemahlene Mandeln
je 50 g fein geschnittenes Zitronat und Orangeat
450 g Mehl
50 g Speisestärke
1 Pck. Backpulver

Für den Belag

500 g bittere Orangenmarmelade
½ l Milch
1 Pck. Vanille-Puddingpulver
100 g Zucker
100 g gehackte Mandeln
30 g Butter
150 g Schmant
1 Eigelb
400 g abgetropfte Mandarinen (Dose oder Glas)

Für die Streusel

300 g Mehl
250 g Zucker
100 g gemahlene Mandeln
2 EL Kakao
1–2 Tropfen Rum-Aroma
250 g kaltes Butterschmalz

Ausserdem

Puderzucker zum Bestäuben

1 Für den Teig das Butterschmalz, den Zucker und die Zitronenschale vermengen und schaumig schlagen. Die Eier, das Salz, die Sahne, den Rum, das Rum-Aroma, die gemahlenen Mandeln, das Zitronat und das Orangeat unterrühren.

2 Das Mehl, die Speisestärke und das Backpulver vermischen, sieben und allmählich in die schaumige Masse einarbeiten.

3 Ein Backblech einfetten. Den Teig auf einer bemehlten Fläche ausrollen, auf das Backblech legen und einen Rand hochziehen. Mit der Orangenmarmelade gleichmäßig bestreichen.

4 Etwas von der Milch abnehmen, das Puddingpulver darin glatt rühren. Die restliche Milch in einem Topf erhitzen, das angerührte Puddingpulver hineingeben und alles kurz aufkochen.

5 Den Topf vom Herd nehmen, den Zucker, die gehackten Mandeln und die Butter einrühren. Dann die Masse auskühlen lassen.

6 Den Schmant und das Eigelb verrühren und zur ausgekühlten Puddingmasse geben. Dann die Puddingmasse auf die Marmelade geben und glatt streichen. Die Mandarinenspalten darauf verteilen und etwas eindrücken.

7 Für die Streusel das Mehl in eine Schüssel sieben, mit dem Zucker, den gemahlenen Mandeln und dem Kakao vermischen. Das Rum-Aroma und das kalte Butterschmalz in Stückchen zufügen. Mit den Händen oder mit Hilfe von zwei Gabeln Streusel formen. Die Streusel auf der Puddingmasse verteilen.

8 Den Kuchen in den vorgeheizten Backofen bei 200 °C (Gas Stufe 3, Umluft 180 °C) schieben und etwa 30 Minuten backen.

9 Den fertigen Kuchen herausnehmen und mit Puderzucker bestäuben.

Streuselkuchen mit Zitronencreme

Für den Teig

500 g Mehl
1 Würfel Hefe (42 g)
60 g Zucker
200 ml Milch
2 Eier
2 EL Rum
1 Prise Salz
80 g weiche Butter

Für die Streusel

300 g Mehl
100 g gemahlene Mandeln
200 g Zucker
1 Eigelb
250 g kalte Butter

Für die Füllung

150 g Butter
200 g Zucker
200 ml Zitronensaft
100 ml Orangensaft
8 Eigelb
40 g Speisestärke
300 g Crème fraîche

Ausserdem

5 EL Sahne
80 g Zartbitter-Kuvertüre

1 Für den Teig das Mehl in eine Schüssel sieben, in die Mitte eine Vertiefung drücken. Die Hefe zerbröckeln und mit 1 TL Zucker in lauwarmer Milch verrühren, danach in die Vertiefung gießen. Etwas Mehl vom Rand einrühren und einen dickflüssigen Vorteig anrühren. 20 Minuten gehen lassen.

2 Auf dem Mehlrand den restlichen Zucker, die Eier, den Rum, das Salz und die Butter anordnen. Alles zu einem glatten Teig verkneten, dabei die restliche Milch zugeben. Zugedeckt 30 Minuten gehen lassen.

3 Für die Streusel das Mehl in eine Schüssel sieben und mit den Mandeln, dem Zucker und dem Eigelb vermischen. Die Butter in Stückchen zufügen, mit den Händen Streusel formen.

4 Ein Backblech einfetten. Den Teig durchkneten, auf einer bemehlten Fläche ausrollen, auf das Backblech legen, mit einer Gabel mehrmals einstechen. Den Teig mit der Sahne bestreichen und danach mit den Streuseln bedecken.

5 Den Teig im vorgeheizten Backofen bei 200 °C (Gas Stufe 3, Umluft 180 °C) etwa 20 Minuten

backen. Herausnehmen und auskühlen lassen, dann den Kuchen waagerecht durchschneiden.

6 Für die Füllung die Butter, den Zucker, Zitronen- und Orangensaft in einen Topf geben und aufkochen lassen. Die Eigelbe mit der Speisestärke verrühren und in die Zitronenbutter rühren. Kurz aufkochen, sofort durch ein Sieb streichen. Auskühlen lassen, dabei mehrmals umrühren.

7 Die Crème fraîche in die ausgekühlte Füllungsmasse einrühren und eine Stunde kalt stellen.

8 Die Füllung gleichmäßig auf den Teigboden streichen und mit der oberen Teigplatte bedecken. Die Kuvertüre schmelzen und den Kuchen damit nach Belieben verzieren.

Streuselkuchen mit Fruchtfüllung

Für den Teig

500 g Mehl
1 Pck. Backpulver
200 g weiche Butter
150 g Zucker
1 Prise Salz
1 TL abgeriebene Zitronenschale
3 Eier

Für die Füllung

600 g Trockenobst
(Aprikosen, Birnen, Pflaumen)
¼ l Wasser
125 g Zucker
1 TL abgeriebene Zitronenschale
2 EL Zitronensaft
200 g gemahlene Mandeln
2 EL Rum
10 g frischer, geschälter
und zerkleinerter Ingwer

Für die Streusel

200 g Mehl
100 g gemahlene Mandeln
200 g Zucker
1 EL Rum, 1 Prise Zimt
200 g kaltes Butterschmalz

Ausserdem

150 g Aprikosenkonfitüre
3–4 EL Rum

1 Für den Teig Mehl und Backpulver vermischen und sieben. Die Butter mit dem Zucker schaumig rühren. Salz, Zitronenschale, die Eier und das Mehl einrühren.

2 Ein Backblech einfetten. Den Teig teilen. Beide Teile auf einer bemehlten Fläche ausrollen. Eine Teighälfte auf das Backblech geben und einen Rand hochziehen.

3 Für die Füllung das Trockenobst zerkleinern, wenn nötig, entsteinen und mit ¼ l Wasser in einen Topf geben. Zucker, Zitronenschale, Zitronensaft und die Mandeln zufügen. Alles 3 Minuten köcheln lassen.

4 Vom Herd nehmen, den Rum und den Ingwer einrühren. Die Masse auf den Teig streichen, die andere Teigplatte auflegen, die Ränder andrücken. Mit Aprikosenkonfitüre bestreichen.

5 Für die Streusel das Mehl in eine Schüssel sieben. Mandeln, Zucker, Rum und Zimt zufügen. Das Butterschmalz in Stückchen zugeben, mit den Händen Streusel formen und aufstreuen.

6 Den Kuchen im vorgeheizten Backofen bei 200 °C (Gas Stufe 3, Umluft 180 °C) etwa 30 Minuten backen. Herausnehmen und noch heiß mit Rum beträufeln.

Variante

Ersetzen Sie den Rum durch Ingwerlikör, um dem Kuchen ein besonders exotisches Aroma zu verleihen.

Dazu brauchen Sie

70 g frischen Ingwer, 3/4 l Weinbrand,
200 g Bienenhonig

So wird es gemacht

Den Ingwer mit einem Sparschäler dünn abschälen, fein schneiden und in eine Flasche füllen. Den Weinbrand zugießen. Die Flasche gut verschließen. Eine Woche stehen lassen, dabei täglich einmal durchschütteln.
Nach einer Woche den Weinbrand durch ein Sieb gießen. Die aufgefangenen Ingwerstückchen mit dem Honig vermischen, 3 EL Wasser unterrühren. Zum Weinbrand geben und in eine gut verschließbare Flasche füllen.

Aprikosenkuchen mit Butterstreuseln

Für den Teig

450 g Mehl
25 g Hefe
100 g Zucker
200 ml Milch
1 Ei
1 Prise Salz
1 TL abgeriebene Zitronenschale
100 g weiches Butterschmalz

Für den Belag

200 g Aprikosenkonfitüre
1 EL Weinbrand
1 kg Aprikosen
100 g gehackte Mandeln

Für die Streusel

300 g Mehl
200 g Zucker
1 Prise Zimt
225 g kaltes Butterschmalz

Ausserdem

80 g Zartbitter-Kuvertüre

1 Das Mehl in eine Schüssel sieben. Die Hefe zerbröckeln, mit 1 TL Zucker in etwas lauwarmer Milch verrühren. In eine Vertiefung im Mehl gießen, mit etwas Mehl vom Rand einen dickflüssigen Vorteig anrühren. Zugedeckt 20 Minuten gehen lassen.

2 Auf dem Mehlrand den restlichen Zucker, das Ei, das Salz, die Zitronenschale und das Butterschmalz in Flöckchen verteilen. Zu einem glatten Teig verkneten, dabei die restliche Milch zufügen. 30 Minuten gehen lassen.

3 Ein Backblech einfetten. Den Teig durchkneten, auf einer bemehlten Fläche ausrollen, auf das Backblech legen, einen Rand hochziehen, den Teig mit einer Gabel mehrmals einstechen.

4 Für den Belag die Konfitüre mit dem Weinbrand verrühren und auf den Teig streichen. Die Aprikosen waschen, halbieren und entsteinen. Die Aprikosenhälften mit gehackten Mandeln füllen und auf der Konfitüre anordnen.

5 Für die Streusel das Mehl in eine Schüssel sieben und mit dem Zucker vermischen. Zimt und Butterschmalz in Stückchen zugeben. Streusel formen und auf den Teig streuen. Im vorgeheizten Backofen bei 200 °C (Gas Stufe 3, Umluft 180 °C) etwa 30 Minuten backen. Das Blech herausnehmen, auskühlen lassen. Die Kuvertüre schmelzen, feine Linien über den Kuchen ziehen.

Kirschkuchen mit Zimtstreuseln

Für den Teig

500 g Mehl
30 g Hefe
80 g Zucker
¼ l Milch
100 g weiche Butter
1 Ei
1 Prise Salz

Für den Belag

3 EL Zwiebackbrösel
1,5 kg entsteinte Sauerkirschen

Für die Streusel

200 g Mehl
200 g Zucker
100 g gemahlene Mandeln
1 kräftige Prise Zimt
200 g kaltes Butterschmalz

Ausserdem

Butter für das Backblech
Mehl zum Bearbeiten
Puderzucker

1 Für den Teig das Mehl in eine Schüssel sieben, in die Mitte eine Vertiefung drücken. Die Hefe mit 1 TL Zucker in etwas lauwarmer Milch verrühren, in die Vertiefung geben und mit etwas Mehl vom Rand einen dickflüssigen Vorteig anrühren. 20 Minuten gehen lassen.

2 Auf dem Mehlrand den restlichen Zucker, die Butter in Flöckchen, das Ei und das Salz anordnen. Von der Mitte her einen geschmeidigen Teig bereiten, dabei die restliche Milch zufügen. Zugedeckt 30 Minuten gehen lassen.

3 Ein Backblech einfetten. Den Teig durchkneten, auf einer bemehlten Fläche ausrollen, auf das Backblech legen und den Rand hochziehen. Den Teig mehrmals mit einer Gabel einstechen.

4 Für den Belag die Zwiebackbrösel auf den Teig streuen. Die Kirschen gleichmäßig darauf verteilen.

5 Für die Streusel das Mehl, den Zucker, die Mandeln und den Zimt vermischen. Das kalte Butterschmalz in Stückchen zugeben, mit den Händen oder mit Hilfe von zwei Gabeln Streusel bereiten. Die Streusel auf den Kuchen streuen.

6 Den Teig im vorgeheizten Backofen bei 200 °C (Gas Stufe 3, Umluft 180 °C) etwa 25 Minuten backen. Mit Puderzucker bestreuen.

Stachelbeerkuchen mit Marmelade

Für den Teig

200 g abgetropfter Quark
1/8 l Milch
1 Ei und 1 Eigelb
1 Prise Salz
1/8 l Öl
50 g gemahlene Mandeln
100 g Zucker
1 Pck. Vanillezucker
1 Prise Salz
400 g Mehl
1 Pck. Backpulver

Für den Belag

80 g gemahlene Mandeln
1 kg Stachelbeeren

Für die Streusel

300 g Mehl
150 g Marzipan-Rohmasse
100 g Zucker
1 Prise Zimt
225 g kalte Butter

Ausserdem

100 g Aprikosen- oder Rosenkonfitüre (siehe Seite 94)

1 Den Quark durch ein Sieb streichen. Milch, Ei, Eigelb, Salz, Öl, Mandeln, Zucker, Vanillezucker und das Salz einrühren. Mehl und Backpulver vermischen, sieben und untermengen.

2 Ein Backblech einfetten. Den Teig ausrollen, auf das Backblech legen, den Rand hochziehen. Mit Mandeln bestreuen. Stachelbeeren kalt abbrausen, putzen, abtropfen lassen.

3 Für die Streusel das Mehl mit dem zerkleinerten Marzipan, Zucker und Zimt mischen. Die Butter in Stückchen zufügen, Streusel formen.

4 Die Stachelbeeren auf dem Teig verteilen. Die Streusel darüber streuen. Bei 200 °C (Gas Stufe 2, Umluft 160 °C) etwa 25 Minuten backen. Herausnehmen, mit leicht erwärmter Konfitüre überziehen.

Apfelkuchen mit Vanillestreuseln

Für den Teig

500 g Mehl
30 g Hefe
100 g Zucker
200 ml Milch
1 Prise Salz
2 Eier
100 g Butterschmalz

Für den Belag

500 g abgetropfter Quark
2 Eier
1 EL Speisestärke
125 g Zucker
1 TL abgeriebene,
unbehandelte Zitronenschale
100 g gehackte Mandeln
100 g Rosinen
1/8 l Milch
1,5 kg Äpfel
1 Zitrone

Für die Streusel

250 g Mehl
je 50 g gehackte und gemahlene Mandeln
225 g Zucker
2 Pck. Vanillezucker
225 g kalte Butter

Ausserdem

125 g bittere Orangenmarmelade
Puderzucker zum Bestäuben

1 Das Mehl in eine Schüssel sieben, in die Mitte eine Vertiefung drücken. Die Hefe zerbröckeln, mit 1 TL Zucker in etwas lauwarmer Milch verrühren, in die Vertiefung gießen, etwas Mehl vom Rand zugeben, einen dickflüssigen Vorteig anrühren. Zugedeckt an einem warmen Ort 20 Minuten gehen lassen.

2 Den restlichen Zucker, das Salz, die Eier und das Butterschmalz in Flöckchen auf dem Mehlrand anordnen. Von der Mitte her alle Zutaten zu einem glatten Teig verkneten, dabei die restliche Milch zugeben. Zugedeckt 30 Minuten gehen lassen.

3 Für den Belag den Quark in eine Schüssel geben und mit den Eiern, der Speisestärke, dem Zucker, der Zitronenschale, den gehackten Mandeln, den Rosinen und der Milch verrühren.

4 Die Äpfel schälen, in Viertel, dann in Spalten schneiden, dabei das Kerngehäuse entfernen. Die Zitrone auspressen. Die Apfelspalten mit Zitronensaft beträufeln, damit sie sich nicht verfärben.

5 Ein Backblech einfetten. Den Teig durchkneten, auf einer bemehlten Fläche ausrollen, auf das Backblech legen und einen Rand hochziehen. Den Teig mit einer Gabel mehrmals einstechen.

6 Die Quarkmasse auf den Teig streichen, die Apfelspalten gleichmäßig auf der Quarkmasse anordnen und etwas andrücken.

7 Für die Streusel das Mehl in eine Schüssel sieben, mit den gehackten und gemahlenen Mandeln, dem Zucker und dem Vanillezucker vermischen. Die kalte Butter in Stückchen zugeben. Mit den Händen oder mit Hilfe von zwei Gabeln Streusel formen. Die Streusel auf der Quarkmasse verteilen.

8 Den Kuchen in den vorgeheizten Backofen schieben und bei 200 °C (Gas Stufe 3, Umluft 180 °C) etwa 30 Minuten backen. Die Orangenmarmelade leicht erwärmen und den noch heißen Kuchen damit bestreichen. Zum Schluss leicht mit Puderzucker überstäuben.

Streuselkuchen mit Quark, Pudding, Sahne und Schmant

Kuchen mit Preiselbeersahne

Für den Teig

500 g Mehl
1 Würfel Hefe (42 g)
100 g Zucker
200 ml Milch
2 Eier
1 Prise Salz
100 g weiche Butter
1 TL abgeriebene, unbehandelte Zitronenschale

Für die Streusel

250 g Mehl
50 g gemahlene Mandeln
200 g Zucker
1 Prise Zimt
200 g kaltes Butterschmalz

Für die Füllung

¼ l roter Johannisbeersaft
100 g Zucker
1 TL Zimt
750 g Preiselbeeren
2 EL Speisestärke
je 4 EL Orangensaft und Orangenlikör
2 Blatt weiße Gelatine
2 EL Weinbrand
½ l Schlagsahne
2 Pck. Vanillezucker

1 Für den Teig das Mehl in eine Schüssel sieben, in die Mitte eine Vertiefung drücken. Die Hefe zerbröckeln, mit 1 TL Zucker in etwas Milch verquirlen, in die Vertiefung geben und mit etwas Mehl vom Rand einen dickflüssigen Teig anrühren. Zugedeckt an einem warmen Ort 20 Minuten gehen lassen.

2 Auf dem Mehlrand den restlichen Zucker, die Eier, das Salz, die Butter in Flöckchen und die Zitronenschale anordnen. Von der Mitte her alle Zutaten zu einem glatten Teig verkneten, dabei nach und nach die restliche Milch zugeben. Zugedeckt 30 Minuten gehen lassen.

3 Ein Backblech einfetten. Den Teig durchkneten, auf einer bemehlten Fläche ausrollen, auf das Backblech geben und mit einer Gabel mehrmals einstechen.

4 Für die Streusel das Mehl in eine Schüssel sieben, mit den Mandeln, dem Zucker und dem Zimt vermischen. Das Butterschmalz in Stückchen zugeben, mit den Händen oder mit zwei Gabeln Streusel formen. Die Streusel auf dem Teig verteilen.

5 Den Kuchen im vorgeheizten Backofen bei 200 °C (Gas Stufe 3, Umluft 180 °C) etwa 20 Minuten backen. Herausnehmen, auskühlen lassen, einmal waagerecht durchschneiden.

6 In einem Topf den Johannisbeersaft mit dem Zucker und dem Zimt zum Kochen bringen, die Preiselbeeren zufügen, einige Male aufwallen lassen, danach durch ein Sieb geben, den Sud auffangen und in den Topf zurückgeben.

7 Die Speisestärke in dem Sud glatt rühren. Orangensaft und Orangenlikör zugeben, kurz aufkochen lassen, die Preiselbeeren zufügen. Auskühlen lassen.

8 Die Gelatine in etwas kaltem Wasser einweichen, ausdrücken und in leicht erwärmtem Weinbrand auflösen. Die Schlagsahne mit dem Vanillezucker steif schlagen. 2 EL Schlagsahne in die Gelatine rühren, dann die restliche Sahne untermischen. Den unteren Teigboden mit den Preiselbeeren bestreichen, die Sahne darauf geben, den oberen Teigboden auflegen.

Streuselkuchen mit Frischkäse

Für den Teig

300 g Marzipanrohmasse
200 g Zucker
2 Pck. Vanillezucker
1 Prise Salz
300 g weiche Butter
6 Eier
⅛ l Schlagsahne
500 g Mehl
1 Pck. Backpulver

Für die Streusel

225 g Mehl
200 g Marzipanrohmasse
80 g Zucker
1 Prise Zimt
200 g kalte Butter

Für die Füllung

4 Blatt weiße Gelatine
150 g abgetropfter Quark
1 TL abgeriebene, unbehandelte Orangenschale
5 EL Orangensaft
2 EL Zitronensaft
500 g Doppelrahm-Frischkäse
100 g Puderzucker
5 EL Himbeergeist
¼ l Schlagsahne
750 g Himbeeren

1 Für den Teig Marzipan, Zucker, Vanillezucker und Salz vermischen. Die Butter zufügen, alles schaumig rühren. Eier und Sahne einrühren. Mehl und Backpulver vermischen, sieben, nach und nach untermischen.

2 Ein Backblech mit Backpapier auslegen, den Teig daraufgeben und glatt streichen.

3 Für die Streusel das Mehl in eine Schüssel sieben, zerkleinertes Marzipan, Zucker und Zimt zufügen. Die Butter in Stückchen zugeben, mit den Händen oder zwei Gabeln Streusel formen und den Teig damit bestreuen.

4 Den Kuchen im vorgeheizten Backofen bei 200 °C (Gas Stufe 3, Umluft 180 °C) etwa 20 Minuten backen. Herausnehmen, auskühlen lassen und den Teig waagerecht durchschneiden.

5 Für die Füllung die Gelatine in kaltem Wasser einweichen. Den Quark durch ein Sieb in eine Schüssel streichen und mit der Orangenschale, dem Orangen- und Zitronensaft, dem Doppelrahm-Frischkäse und dem Puderzucker verrühren.

6 Die Gelatine in 3 EL leicht erwärmtem Himbeergeist auflösen. Unter die Quarkmasse rühren. Die

Sahne steif schlagen und ebenfalls unterheben. 2 Stunden kalt stellen. Dann die Quarkcreme auf die untere Teigplatte streichen. Die Himbeeren mit dem restlichen Himbeergeist beträufeln, auf der Creme verteilen, leicht in die Creme drücken. Die Teigplatte mit den Streuseln auflegen und leicht andrücken.

Kuchen mit Mascarponecreme

Für den Teig

500 g Mehl
35 g Hefe
100 g Zucker
1/4 l Milch
1 Ei
100 g gemahlene Haselnüsse
1 Pck. Vanillezucker
1 Prise Salz
100 g weiche Butter

Für die Streusel

250 g Mehl
200 g Marzipan-Rohmasse
80 g Zucker
2 EL Weinbrand
200 g kalte Butter

Für die Füllung

300 g Mascarpone
100 g Joghurt
80 g Puderzucker
1/8 l Eierlikör
je 100 g gemahlene und gehackte, geröstete Haselnüsse
1/2 l Schlagsahne
1 Prise Salz
2 Sahnesteif

Ausserdem

100 g Aprikosen-oder Rosenkonfitüre (siehe Seite 94)

1 Das Mehl in eine Schüssel sieben, in die Mitte eine Vertiefung drücken. Die Hefe zerbröckeln, mit 1 TL Zucker in etwas lauwarmer Milch verrühren und in die Vertiefung geben. Etwas Mehl vom Rand einrühren und einen dickflüssigen Vorteig anrühren. Zugedeckt an einem warmen Ort 20 Minuten gehen lassen.

2 Auf dem Mehlrand den restlichen Zucker, das Ei, die Nüsse, den Vanillezucker, das Salz und die Butter in Flöckchen verteilen. Von der Mitte her alle Zutaten zu einem glatten Teig verkneten, dabei die restliche Milch zugeben. Zugedeckt 30 Minuten gehen lassen.

3 Ein Backblech einfetten. Den Teig durchkneten, auf einer bemehlten Fläche ausrollen, auf das Backblech legen. Einen Rand hochziehen, den Teig mit einer Gabel mehrmals einstechen.

4 Für die Streusel das Mehl in eine Schüssel sieben, das zerkleinerte Marzipan, den Zucker und den Weinbrand zufügen. Die Butter in Stückchen zugeben, mit den Händen Streusel formen und auf den Teig streuen.

5 Im vorgeheizten Backofen bei 200 °C (Gas Stufe 3, Umluft 180 °C) etwa 20 Minuten backen. Heraus-

nehmen, auskühlen lassen, den Kuchen waagerecht durchschneiden.

6 Mascarpone, Jogurt, Puderzucker, Eierlikör und Nüsse verrühren. Die Sahne mit dem Salz und dem Sahnesteif steif schlagen und vorsichtig unterheben. Die Füllung auf den unteren Teigboden streichen, den oberen Boden auflegen. Mit leicht erwärmter Konfitüre überziehen.

Streuselkuchen mit Nugatsahne

Für den Teig

250 g abgetropfter Quark
⅛ l Milch
2 Eier
⅛ l Öl
100 g Zucker
1 Prise Salz
1 TL abgeriebene, unbehandelte Zitronenschale
100 g gemahlene Haselnüsse
500 g Mehl
1 Pck. Backpulver

Für die Streusel

250 g Mehl
200 g Marzipan-Rohmasse
100 g Zucker
2 EL Kakao
1 EL Rum
200 g kalte Butter

Für die Füllung

200 g Nugat
125 g Vollmilch-Kuvertüre
2 Eier
4 Blatt weiße Gelatine
½ l Schlagsahne

1 Den Quark durch ein Sieb in eine Schüssel streichen und mit Milch, Eiern, Öl, Zucker und Salz, der Zitronenschale und den Haselnüssen verrühren. Mehl und Backpulver vermischen, sieben, mit den anderen Zutaten vermengen.

2 Ein Backblech einfetten. Den Teig auf einer bemehlten Fläche ausrollen, auf das Backblech legen und einen Rand hochziehen.

3 Für die Streusel das Mehl sieben, das zerkleinerte Marzipan, den Zucker, den Kakao, den Rum und die Butter in Stückchen zugeben, Streusel formen und auf den Teig streuen.

4 Im vorgeheizten Backofen bei 200 °C (Gas Stufe 3, Umluft 180 °C) etwa 20 Minuten backen. Den Kuchen auskühlen lassen und danach waagerecht durchschneiden.

5 Für die Füllung Nugat und Kuvertüre zerkleinern und im Wasserbad schmelzen. Die Eier verrühren, im Wasserbad schaumig schlagen, die Nugatmasse einrühren.

6 Die Gelatine in kaltem Wasser einweichen, tropfnass in einen Topf geben, bei geringer Hitze auflösen, zur Nugatmasse geben. Sahne steif schlagen und unter die Creme ziehen. 2 Stunden kalt stellen. Die erkaltete Masse auf den unteren Teigboden streichen und den oberen Boden auflegen.

Variante

Anstelle der Nugatsahne können Sie den Kuchen auch mit einer leckeren Kaffeecreme füllen.

Dazu brauchen Sie

6 Eier, 6 EL Zucker, 1 EL Mehl, 2 EL Pulverkaffee (Instant), ¼ l Milch, ¼ l Schlagsahne

So wird es gemacht

Die Eier trennen. Eigelb und Zucker schaumig schlagen. Mehl und Kaffee unterrühren. Milch und Sahne unterschlagen. Die Masse in einen Topf füllen und unter Rühren auf kleiner Flamme erhitzen. Die Creme darf nicht kochen, da sonst das Eigelb gerinnt. Das Eiweiß steif schlagen und unter die noch heiße Creme ziehen. Auskühlen lassen und den Kuchen damit füllen. Beträufeln Sie den Kuchen nach dem Backen mit 1–2 EL Kaffeelikör (Fertigware) und bestäuben ihn leicht mit Puderzucker.

Haselnusskuchen mit Vanillecreme

Für den Teig

500 g Mehl
1 Würfel Hefe (42 g)
80 g Zucker
200 ml Milch
2 Eier
2 Eigelb
1 Prise Salz
100 g weiche Butter
100 g gemahlene Haselnüsse

Für die Streusel

250 g Mehl
100 g gehackte Haselnüsse
200 g Zucker
1 EL Zucker oder Rosenzucker
(siehe Seite 94)
225 g kalte Butter

Für die Füllung

1 l Milch
200 ml Sahne
1 Prise Salz
4 Vanilleschoten
8 Eier
200 g Zucker
120 g Speisestärke
125 g Johannisbeergelee

1 Für den Teig das Mehl in eine Schüssel sieben, in die Mitte eine Vertiefung drücken. Die Hefe zerbröckeln, mit 1 TL Zucker in etwas lauwarmer Milch verrühren, in die Vertiefung gießen. Etwas Mehl vom Rand einrühren und einen dickflüssigen Vorteig anrühren. Zugedeckt an einen warmen Ort stellen und 20 Minuten gehen lassen.

2 Auf dem Mehlrand den restlichen Zucker, die Eier, die Eigelbe, das Salz, die Butter und die Nüsse verteilen. Von der Mitte her alles zu einem glatten Teig verkneten, dabei die restliche Milch zufügen. Zugedeckt an einem warmen Ort 30 Minuten gehen lassen.

3 Ein Backblech einfetten. Den Teig auf einer bemehlten Fläche ausrollen und auf das Backblech legen. Einen Rand hochziehen, den Teig mit einer Gabel mehrmals einstechen.

4 Für die Streusel das Mehl in eine Schüssel sieben, mit den Haselnüssen, dem Zucker und dem Zucker/Rosenzucker vermischen. Die Butter in Stückchen zugeben, mit den Händen oder zwei Gabeln Streusel formen und auf dem Teig verteilen.

5 Den Kuchen im vorgeheizten Backofen bei 200 °C (Gas Stufe 3, Umluft 180 °C) etwa 20 Minuten backen. Herausnehmen, auskühlen lassen und waagerecht durchschneiden.

6 Für die Füllung Milch, Sahne und Salz in einen Topf füllen. Einen viertel Liter davon in eine Schüssel gießen und beiseite stellen. Vanilleschoten der Länge nach aufschlitzen, das Mark herausschaben, in den Topf zur Milchsahne geben, alles kurz aufkochen lassen und vom Herd nehmen.

7 Die Eier trennen. Eigelb, Zucker und die Speisestärke in die zuvor beiseite gestellte Schüssel geben, mit der Milch glatt rühren.

8 Das Eiweiß steif schlagen. Die Eigelbmischung aus der Schüssel in die heiße Milchsahne im Topf einrühren, kurz aufwallen lassen, vom Herd nehmen. Den Eischnee unterheben.

9 Die untere Teigplatte mit dem Johannisbeergelee bestreichen, die Creme aufstreichen, die obere Teigplatte auflegen. Den Kuchen 2 Stunden kalt stellen.

Streuselkuchen mit Eierlikörcreme

Für den Teig

250 g abgetropfter Quark
1/8 l Milch
1 Ei und 1 Eigelb
1/8 l Öl
1 Prise Salz
100 g Zucker
1 Pck. Vanillezucker
500 g Mehl, 1 Pck. Backpulver

Für die Streusel

300 g Mehl
50 g gehackte Mandeln
225 g Zucker
2 EL Kakao
225 g kalte Butter

Für die Creme

1 Vanilleschote
600 ml Milch
2 Pck. Vanille-Puddingpulver
100 g Puderzucker
400 ml Eierlikör
1 TL abgeriebene Orangenschale
250 g weiche Butter

Ausserdem

100 g Aprikosen- oder Rosenkonfitüre
(siehe Seite 94)

1 Den Quark durch ein Sieb in eine Schüssel streichen und mit der Milch, dem Ei, dem Eigelb, Öl, Salz, Zucker und dem Vanillezucker vermischen. Mehl und Backpulver vermischen, sieben und untermengen. Ein Backblech einfetten. Den Teig ausrollen, auf das Backblech geben und den Rand hochziehen.

2 Für die Streusel das Mehl in eine Schüssel sieben, mit Mandeln, Zucker und Kakao vermischen. Die kalte Butter in Stückchen zufügen, Streusel formen und gleichmäßig auf den Teig streuen.

3 Im vorgeheizten Backofen bei 200 °C (Gas Stufe 3, Umluft 180 °C) etwa 20 Minuten backen. Herausnehmen, ausgekühlt waagerecht durchschneiden.

4 Für die Creme die Vanilleschote aufschlitzen und das Mark herauskratzen. 6 EL Milch, Puddingpulver, Vanillemark und 50 g Puderzucker verrühren und beiseite stellen. Die restliche Milch mit dem Eierlikör aufkochen, die Puddingmischung einrühren, aufkochen lassen, vom Herd nehmen, in eine Schüssel füllen und auskühlen lassen. Mit Folie bedecken.

5 Die Orangenschale, den restlichen Puderzucker und die Butter cremig rühren. Die ausgekühlte Puddingmischung löffelweise einrühren. Kalt stellen.

6 Die Eierlikörcreme auf den unteren Teigboden streichen und die obere Hälfte auflegen. Zum Schluss mit erwärmter Konfitüre überziehen.

Aprikosen-Sahne-Kuchen

Für den Teig

500 g Mehl
30 g Hefe
100 g Zucker
200 ml Milch
2 Eier
50 g gemahlene Mandeln
125 g weiche Butter
1 Prise Salz

Für die Creme

1 Pck. Sahne-Puddingpulver
125 g Zucker
400 ml Milch
100 ml Sahne
250 g Butter

Für den Belag

3 EL gehackte Mandeln
1,5 kg entsteinte, halbierte Aprikosen
⅛ l Milch
⅛ l Sahne
2 EL Zucker
4 Eier

Für die Streusel

300 g Mehl
2 EL Kakao
50 g gemahlene Mandeln
1 EL Eierlikör
225 g Zucker
250 g kalte Butter

Ausserdem

Puderzucker zum Bestäuben

1 Für den Teig das Mehl in eine Schüssel sieben, in die Mitte eine Vertiefung drücken. Die Hefe zerbröckeln, mit 1 TL Zucker in etwas lauwarmer Milch verrühren, in die Vertiefung gießen, etwas Mehl vom Rand einrühren und einen dickflüssigen Vorteig anrühren. Zugedeckt 20 Minuten gehen lassen.

2 Den restlichen Zucker, Eier, Mandeln, Butter in Flöckchen und das Salz auf dem Mehlrand verteilen. Von der Mitte her die Zutaten zu einem glatten Teig verkneten, dabei die restliche Milch zugeben. Zugedeckt 30 Minuten gehen lassen.

3 Für die Creme das Puddingpulver mit dem Zucker in etwas kalter Milch verrühren. Die restliche Milch mit der Sahne in einem Topf zum Kochen bringen, das Puddingpulver einrühren, aufkochen lassen. Den Topf vom Herd nehmen und auskühlen lassen. Dabei ab und zu umrühren.

4 Die Butter schaumig schlagen, den abgekühlten Pudding einrühren. Die Creme ganz auskühlen lassen.

5 Den Teig durchkneten und auf einer bemehlten Fläche ausrollen. Ein Backblech einfetten, den Teig hineinlegen und den Rand hochziehen. Den Teig mit einer Gabel mehrmals einstechen. Die gehackten Mandeln auf den Teig streuen und die Aprikosen darauf legen. Milch, Sahne, Zucker und Eier verquirlen, über die Aprikosen gießen.

6 Für die Streusel das Mehl in eine Schüssel sieben und mit dem Kakao, den Mandeln, dem Eierlikör und dem Zucker vermengen. Die Butter in Stückchen zugeben, mit den Händen oder mithilfe von zwei Gabeln Streusel formen. Die Streusel auf die Aprikosen streuen.

7 Den Kuchen im vorgeheizten Backofen bei 200 °C (Gas Stufe 3, Umluft 180 °C) etwa 30 Minuten backen. Herausnehmen und auskühlen lassen. Den Kuchen waagerecht durchschneiden, mit der Creme füllen und leicht mit Puderzucker bestäuben.

Mandelpudding-Aprikosen-Kuchen

Für den Teig

500 g Mehl
1 Würfel Hefe (42 g)
100 g Zucker
200 ml Milch
1 TL abgeriebene, unbehandelte Zitronenschale
2 Eier
1 Prise Salz
125 g weiche Butter

Für die Streusel

250 g Mehl
175 g Zucker
50 g gehackte Mandeln
1 EL Ahornsirup
1–2 Tropfen Bittermandel-Aroma
200 g kalte Butter

Für die Füllung

2 Pck. Mandel-Puddingpulver
400 ml Milch
¼ l Sahne
100 g Zucker
6 EL Ahornsirup
2 EL Honig
50 g Butter
100 g gehackte, geröstete Mandeln
1 kg gedünstete Aprikosenhälften (Dose)

1 Für den Teig das Mehl in eine Schüssel sieben, in die Mitte eine Vertiefung drücken. Die Hefe zerbröckeln, mit 1 TL Zucker in etwas lauwarmer Milch verrühren, in die Vertiefung gießen. Etwas Mehl vom Rand einrühren und einen dickflüssigen Vorteig anrühren. Zugedeckt an einem warmen Ort 20 Minuten gehen lassen.

2 Auf dem Mehlrand den restlichen Zucker, die Zitronenschale, die Eier, das Salz und die Butter in Flöckchen verteilen. Von der Mitte her alle Zutaten zu einem glatten Teig verkneten, dabei die restliche Milch zugeben. 30 Minuten gehen lassen.

3 Ein Backblech einfetten. Den Teig durchkneten, auf einer bemehlten Fläche ausrollen, auf das Backblech legen und den Rand hochziehen. Den Teig mit einer Gabel mehrmals einstechen.

4 Für die Streusel das Mehl in eine Schüssel sieben und mit dem Zucker und den Mandeln vermischen. Ahornsirup, Bittermandel-Aroma und die Butter in Flöckchen zugeben. Mit den Händen oder mit Hilfe von zwei Gabeln Streusel bereiten und auf dem Teig verteilen.

5 Den Teig im vorgeheizten Backofen bei 200 °C (Gas Stufe 3, Umluft 180 °C) etwa 20 Minuten backen. Herausnehmen und auskühlen lassen. Den Kuchen waagerecht halbieren.

6 Für die Füllung das Puddingpulver in etwas Milch glatt rühren. Die restliche Milch mit der Sahne in einem Topf zum Kochen bringen, das Puddingpulver einrühren, den Zucker zugeben, aufkochen lassen. Den Topf vom Herd nehmen, Ahornsirup, Honig und Butter einrühren. Die Puddingcreme auskühlen lassen, dabei hin und wieder umrühren.

7 Die abgekühlte Creme auf die untere Teigplatte streichen und mit den Mandeln bestreuen. Die Aprikosenhälften darauf anordnen. Die obere Teigplatte vorsichtig aufsetzen.

Quark-Marzipan-Kuchen

Für den Teig

150 g Marzipan-Rohmasse
100 g Zucker
400 g Mehl
25 g Hefe
200 ml Milch
50 g gemahlene Mandeln
3 Eigelb
1 Prise Salz
100 g weiche Butter

Für den Belag

800 g rote Johannisbeeren
200 g abgetropfter Quark
100 g Zucker
2 TL Speisestärke
3 Eier
1 Prise Salz
½ TL abgeriebene, unbehandelte Zitronenschale
200 g Crème fraîche
3 EL Zwiebackbrösel

Für die Streusel

250 g Mehl
180 g Marzipan-Rohmasse
100 g Zucker
225 g kalte Butter

1 Für den Teig Marzipan und Zucker vermischen. Das Mehl in eine Schüssel sieben, in die Mitte eine Vertiefung drücken. Die Hefe zerbröckeln, mit 1 TL Zucker in etwas lauwarmer Milch verrühren, in die Vertiefung geben. Etwas Mehl vom Rand einrühren, einen dickflüssigen Vorteig anrühren. Zugedeckt an einem warmen Ort 20 Minuten gehen lassen.

2 Auf dem Mehlrand das Marzipan, die Mandeln, die Eigelbe, das Salz und die Butter in Flöckchen verteilen. Von der Mitte her die Zutaten zu einem glatten Teig verkneten, dabei die restliche Milch zugeben. Zugedeckt 30 Minuten gehen lassen.

3 Für den Belag Johannisbeeren von den Rispen streifen, waschen und gründlich abtropfen lassen.

4 Den Quark durch ein Sieb streichen und mit dem Zucker und der Speisestärke verrühren. Eier, Salz, Zitronenschale und Crème fraîche zufügen und einrühren. Beiseite stellen.

5 Ein Backblech einfetten. Den Teig durchkneten, auf einer bemehlten Fläche ausrollen und auf das Backblech legen, den Rand hochziehen. Den Teigboden mehrmals einstechen.

6 Die Zwiebackbrösel gleichmäßig auf den Teig streuen, dann die Quarkmasse darüber streichen. Die Johannisbeeren über den Quark streuen und leicht andrücken.

7 Für die Streusel das Mehl in eine Schüssel sieben, mit dem zerkleinerten Marzipan und dem Zucker vermengen. Die kalte Butter in Stückchen zugeben, mit den Händen Streusel formen. Die Streusel auf den Johannisbeeren verteilen. Den Kuchen im vorgeheizten Backofen bei 200 °C (Gas Stufe 3, Umluft 180 °C) etwa 30 Minuten backen.

Heidelbeer-Quark-Kuchen

Für den Teig

400 g Mehl
25 g Hefe
80 g Zucker
200 ml Milch
je 50 g gemahlene und gehackte Mandeln
1 TL abgeriebene, unbehandelte Zitronenschale
1 Prise Salz
1–2 Tropfen Bittermandel-Aroma
80 g weiche Butter, 1 Ei

Für den Belag

1 kg Heidelbeeren
300 g abgetropfter Quark
300 g Schmant
2 Eier
1 EL Speisestärke
100 g Zucker
½ TL abgeriebene, unbehandelte Zitronenschale
50 g gehackte Mandeln
30 g klein geschnittenes Zitronat
je 1 Prise Zimt und Nelkenpulver

Für die Streusel

300 g Mehl
225 g Zucker
100 g gemahlene Mandeln
1–2 Tropfen Bittermandel-Aroma
250 g kalte Butter

1 Für den Teig das Mehl in eine Schüssel sieben, in die Mitte eine Vertiefung drücken. Die Hefe zerbröckeln, mit 1 TL Zucker in etwas lauwarmer Milch verquirlen und in die Vertiefung gießen. Etwas Mehl vom Rand zugeben und einen dickflüssigen Vorteig anrühren. Zugedeckt an einem warmen Ort 20 Minuten gehen lassen.

2 Auf dem Mehlrand den restlichen Zucker, die Mandeln, die Zitronenschale, das Salz, das Bittermandel-Aroma, die Butter in Flöckchen und das Ei anordnen. Die Zutaten von der Mitte her zu einem glatten Teig verkneten, dabei die restliche Milch langsam zugeben. Zugedeckt 30 Minuten gehen lassen.

3 Die Heidelbeeren waschen und gut abtropfen lassen. Den Teig durchkneten und auf einer bemehlten Fläche ausrollen. Ein Backblech einfetten, den Teig hineinlegen und den Rand hochziehen. Den Teig mit einer Gabel mehrmals einstechen.

4 Für den Belag den Quark, den Schmant, die Eier, die Speisestärke, den Zucker, die Zitronenschale, die Mandeln, das Zitronat, den Zimt und das Nelkenpulver gründlich miteinander verrühren. Die Quarkmasse auf den Teig streichen und mit den Heidelbeeren belegen.

5 Für die Streusel das Mehl in eine Schüssel sieben, mit dem Zucker und den Mandeln vermischen. Das Bittermandel-Aroma und die Butter in Stück-

chen zugeben. Mit den Händen oder mit Hilfe von zwei Gabeln Streusel formen und auf der Quarkmasse verteilen.

6 Den Kuchen im vorgeheizten Backofen bei 200 °C (Gas Stufe 3, Umluft 180 °C) etwa 30 Minuten backen.

Brombeer-Schmant-Kuchen

Für den Teig

200 g abgetropfter Quark
⅛ l Milch
1 Ei
1 Eigelb
⅛ l Öl
200 g Zucker
1 TL abgeriebene, unbehandelte Zitronenschale
1 Prise Salz
450 g Mehl
1 Pck. Backpulver

Für den Belag

400 g Schmant
2 Pck. Vanillezucker
1 TL abgeriebene, unbehandelte Orangenschale
100 g gehackte Mandeln
1 kg frische Brombeeren

Für die Streusel

250 g Mehl
50 g gemahlene Mandeln
200 g Zucker
225 g kalte Butter

Ausserdem

125 g Johannisbeergelee
1 EL Obstgeist

1 Den Quark durch ein Sieb in eine Schüssel streichen. Milch, Ei, Eigelb, Öl, Zucker, Zitronenschale und Salz damit verrühren. Mehl und Backpulver sieben und mit dem Quark mischen.

2 Ein Backblech einfetten. Den Teig auf einer bemehlten Fläche ausrollen, auf das Backblech geben, den Rand hochziehen. Schmant, Vanillezucker und Orangenschale verrühren, den Teig damit bestreichen. Mandeln aufstreuen. Brombeeren waschen, abtropfen, auf der Schmantmasse verteilen.

3 Für die Streusel das Mehl in eine Schüssel sieben, mit den Mandeln und dem Zucker vermischen. Die Butter in Stückchen zugeben. Streusel formen und auf den Brombeeren verteilen.

4 Im vorgeheizten Backofen bei 200 °C (Gas Stufe 3, Umluft 180 °C) etwa 25 Minuten backen. Den Kuchen herausnehmen. Johannisbeergelee mit dem Obstgeist leicht erwärmen, den Kuchen damit überziehen.

Rum-Quark-Kuchen

Für den Teig

450 g Mehl
30 g Hefe
100 g Zucker
200 ml Milch
2 Eier
50 g fein geschnittenes Zitronat
½ TL abgeriebene, unbehandelte Zitronenschale
1 Prise Salz
80 g weiches Butterschmalz

Für den Belag

1 kg abgetropfter Quark
3 Eier
3 EL Rum
80 g zerlassene Butter
100 g Zucker
50 g gehackte Mandeln
30 g fein geschnittenes Zitronat
200 g Pflaumenmus

Für die Streusel

250 g Mehl
200 g Zucker
1 Pck. Vanillezucker
200 g kalte Butter

Außerdem

2–3 EL Rum

1 Für den Teig das Mehl in eine Schüssel sieben, in die Mitte eine Vertiefung drücken. Die Hefe zerbröckeln, mit 1 TL Zucker in etwas lauwarmer Milch verquirlen, in die Vertiefung gießen, etwas Mehl vom Rand einrühren und einen dickflüssigen Vorteig anrühren. Die Schüssel mit dem Vorteig zugedeckt 20 Minuten an einen warmen Ort stellen.

2 Auf dem Mehlrand den restlichen Zucker, die Eier, das fein geschnittene Zitronat, die Zitronenschale, das Salz und das Butterschmalz in Flöckchen verteilen. Von der Mitte her die Zutaten zu einem glatten Teig verkneten, dabei die restliche Milch zufügen. Beiseite stellen und zugedeckt 30 Minuten gehen lassen.

3 Für den Belag den gut abgetropften Quark durch ein Sieb in eine Schüssel streichen. Die Eier, den Rum, die Butter, den Zucker, die gehackten Mandeln und das Zitronat zugeben, alles gut verrühren.

4 Den Teig durchkneten und auf einer bemehlten Fläche ausrollen. Ein Backblech einfetten, den Teig hineinlegen und einen Rand hochziehen. Den Teig mit einer Gabel mehrmals einstechen. Zuerst das Pflaumenmus, dann die Quarkmasse auf den Teigboden streichen.

5 Für die Streusel das Mehl in eine Schüssel sieben und mit dem Zucker und dem Vanillezucker vermi-

schen. Die kalte Butter in Stückchen zufügen, mit den Händen oder mit Hilfe von zwei Gabeln Streusel formen. Die Streusel gleichmäßig auf die Quarkmasse streuen.

6 Den Kuchen in den vorgeheizten Backofen schieben und bei 200 °C (Gas Stufe 3, Umluft 180 °C) etwa 30 Minuten backen. Noch heiß mit 2–3 EL Rum beträufeln.

Streuselkuchen mit Nuss, Mandel, Mohn und Schokolade

Fruchtiger Schokoladenkuchen

Für den Teig

200 g Mehl
3 EL Kakao
½ TL Backpulver
3–4 EL Milch
80 g Zucker
1 Pck. Vanillezucker
1 Prise Salz
125 g kalte Butter
50 g gemahlene Mandeln
100 g Aprikosenkonfitüre
2 EL Obstgeist

Für den Belag

750 g Aprikosen
2 Eier, 80 g Zucker
1 EL Vanille-Puddingpulver
200 ml Schlagsahne

Für die Streusel

200 g Mehl
150 g Zucker
50 g gemahlene Mandeln
1–2 Tropfen Bittermandel-Aroma
200 g kalte Butter

Außerdem

nach Belieben Puderzucker

1 Das Mehl, den Kakao und das Backpulver vermischen, in eine Schüssel sieben, in die Mitte eine Vertiefung drücken. Die Milch mit Zucker, Vanillezucker und Salz in die Vertiefung geben, mit einem Teil des Mehls zu einem Brei vermengen.

2 Die Butter in Stücken obenauf legen und die Mandeln zugeben. Von der Mitte her alles zu einem glatten Teig verkneten. Den Teig zu einer Kugel formen und 30 Minuten kalt stellen.

3 Die Aprikosen waschen, halbieren und entsteinen. Den Teig auf einer bemehlten Fläche ausrollen. Den Boden einer Springform einfetten, den Teig hineinlegen und den Rand hochziehen. Danach den Teig mit einer Gabel mehrmals einstechen. Die Konfitüre und den Obstgeist verrühren, den Teig damit bestreichen.

4 Eier, Zucker, Puddingpulver und Sahne verrühren. Das Puddingpulver sollte keine Klümpchen bilden. Die Aprikosen auf dem Teigboden anordnen, die Eiersahne darüber geben.

5 Für die Streusel das Mehl in eine Schüssel sieben und mit dem Zucker und den Mandeln vermischen. Das Bittermandel-Aroma und die Butter in Stückchen zufügen, Streusel formen und auf dem Belag verteilen. Den Kuchen im vorgeheizten Backofen bei 200 °C (Gas Stufe 3, Umluft 180 °C) 25 Minuten backen. Nach Belieben mit Puderzucker bestäuben.

Saftiger Mohnkuchen

Für den Teig

450 g Mehl
30 g Hefe
100 g Zucker
200 ml Milch
1 Ei
1 Prise Salz
50 g gemahlene Mandeln
1 TL abgeriebene, unbehandelte Zitronenschale
80 g weiche Butter

Für den Belag

¼ l Milch
80 g Butter
100 g Zucker
1 Prise Salz
40 g Grieß
400 g gemahlener Mohn
1 TL Zimt
1 Prise Nelkenpulver
2 Eier
100 g Rosinen
600 g Äpfel

Für die Streusel

250 g Mehl
225 g Zucker
je 50 g gehackte und gemahlene Mandeln
1–2 Tropfen Bittermandel-Aroma
250 g kalte Butter

1 Für den Teig das Mehl in eine Schüssel sieben, in die Mitte eine Vertiefung drücken. Die Hefe zerbröckeln, mit 1 TL Zucker in etwas lauwarmer Milch verquirlen. Die Hefemischung in die Vertiefung gießen, etwas Mehl vom Rand einrühren und einen dickflüssigen Vorteig anrühren. In der zugedeckten Schüssel 20 Minuten gehen lassen.

2 Auf dem Mehlrand den restlichen Zucker, das Ei, das Salz, die Mandeln, die abgeriebene Zitronenschale und die Butter in Flöckchen verteilen. Von der Mitte her alle Zutaten zu einem glatten Teig verkneten, dabei die restliche Milch zugeben. Den Teig nochmals zugedeckt 30 Minuten gehen lassen.

3 Für den Belag die Milch mit der Butter, dem Zucker und dem Salz in einen Topf geben, aufkochen lassen, den Grieß zugeben, 10 Minuten quellen lassen. Den Topf vom Herd nehmen und den Mohn einrühren. Etwas auskühlen lassen.

4 Zimt, Nelkenpulver, Eier und Rosinen einrühren. Die Äpfel schälen, vierteln, entkernen und raspeln, zur Mohnmasse geben.

5 Den Teig durchkneten, auf einer bemehlten Fläche ausrollen. Ein Backblech einfetten, den Teig auflegen und einen Rand hochziehen. Den Teig mit einer Gabel mehrmals einstechen und mit der Mohnmasse bestreichen.

6 Für die Streusel das Mehl in eine Schüssel sieben und mit dem Zucker und den Mandeln vermischen. Das Bittermandel-Aroma und die kalte Butter in Stückchen zugeben, mit den Händen oder mit Hilfe von zwei Gabeln Streusel formen und auf der Mohnmasse verteilen.

7 Den Kuchen in den vorgeheizten Backofen schieben und bei 200 °C (Gas Stufe 3, Umluft 180 °C) etwa 30 Minuten backen. Herausnehmen und auskühlen lassen. Den ausgekühlten Kuchen eventuell mit Puderzucker bestäuben.

Marzipan-Streusel-kuchen

Für den Teig

450 g Mehl
30 g Hefe
100 g Zucker
200 ml Milch
1 Ei
1 TL abgeriebene, unbehandelte Zitronenschale
1 Prise Salz
80 g weiches Butterschmalz
50 g ungemahlener Mohn

Für den Belag

200 g Marzipan-Rohmasse
100 g weiche Butter
100 g Puderzucker
1 Ei
100 g gemahlene Mandeln
1 EL Speisestärke

Für die Streusel

200 g Mehl
175 g Marzipan-Rohmasse
80 g Zucker
1 Prise Zimt
180 g kalte Butter

1 Das Mehl in eine Schüssel sieben, in die Mitte eine Vertiefung drücken. Die Hefe zerbröckeln, mit 1 TL Zucker in etwas lauwarmer Milch verquirlen, in die Vertiefung gießen. Etwas Mehl vom Rand einrühren und einen dickflüssigen Vorteig anrühren. Zugedeckt an einem warmen Ort 20 Minuten gehen lassen.

2 Auf dem Mehlrand den restlichen Zucker, das Ei, die Zitronenschale, Salz, Butterschmalz in Flöckchen und den Mohn verteilen. Von der Mitte her alles zu einem glatten Teig verkneten, dabei die restliche Milch zufügen. Zugedeckt 30 Minuten gehen lassen.

3 Ein Backblech einfetten. Den Teig auf einer bemehlten Fläche ausrollen, auf das Backblech legen, einen Rand hochziehen, den Teig mit einer Gabel mehrmals einstechen.

4 Für den Belag das Marzipan grob raspeln und mit der Butter, dem Puderzucker, dem Ei, den Mandeln und der Speisestärke verrühren. Den Kuchen gleichmäßig damit bestreichen.

5 Für die Streusel das Mehl in eine Schüssel sieben. Das Marzipan zerkleinern und mit dem Zucker und dem Zimt zum Mehl geben und vermischen. Die Butter in Stückchen zugeben, Streusel formen, auf den Belag streuen. Das Blech in den vorgeheizten Backofen schieben und den Kuchen bei 200 °C (Gas Stufe 3, Umluft 180 °C) etwa 25 Minuten backen.

Streuselkuchen halb und halb

Für den Teig

500 g Mehl
1 Pck. Backpulver
200 g kalte Butter
125 g Zucker
1 Prise Salz
1 TL abgeriebene,
unbehandelte Zitronenschale
2 Eier
4 EL Milch
2 EL Kakaopulver
125 g Aprikosenkonfitüre
100 g gehackte Mandeln

Für die Streusel

300 g Mehl
125 gehackte Mandeln
2 gemahlene Bittermandeln
225 g Zucker
1 EL Rum
1 Prise Salz
250 g kalte Butter
1–2 EL Kakaopulver

Außerdem

4–5 EL flüssige Sahne

1 Mehl und Backpulver vermischen, in eine Schüssel sieben, in die Mitte eine Vertiefung drücken. Butter in Stückchen, Zucker, Salz, Zitronenschale, Eier und Milch in die Vertiefung geben, mit etwas Mehl vom Rand bedecken und alles zu einem glatten Teig verkneten.

2 Ein Backblech einfetten. Den Teig teilen. Ein Teigstück so ausrollen, dass es die Hälfte des Backblechs ausfüllt. Die andere Teighälfte mit dem Kakao vermischen, ebenfalls ausrollen und auf das Backblech legen.

3 Beide Teigstücke mit leicht erwärmter Aprikosenkonfitüre bestreichen und mit den gehackten Mandeln bestreuen.

4 Für die Streusel das Mehl in eine Schüssel sieben, Mandeln, Zucker, Rum und Salz untermischen. Die Butter in Stückchen zufügen und die Streusel zubereiten. Die Hälfte der hellen Streusel auf den dunklen Teig streuen. Die restlichen Streusel mit dem Kakao vermischen und auf den hellen Teig streuen.

5 Im vorgeheizten Backofen bei 200 °C (Gas Stufe 3, Umluft 180 °C) etwa 20 Minuten backen. Danach herausnehmen, den Kuchen sofort mit Sahne bestreichen.

Streuselkuchen mit Mandeln

Für den Teig

400 g Mehl
3 gestr. TL Backpulver
125 g Zucker
1 TL abgeriebene, unbehandelte Zitronenschale
1 Prise Salz
2 Eier
2 EL Milch
200 g kalte Butter
100 ml Sahne

Für die Streusel

300 g Mehl
250 g gehackte Mandeln
250 g Butter
250 g Zucker

1 Für den Teig Mehl und Backpulver mischen, in eine Schüssel sieben und eine Vertiefung in die Mitte drücken.

2 Zucker, Zitronenschale, Salz, Eier und Milch in die Vertiefung geben, mit ein wenig Mehl bedecken und daraus einen dickflüssigen Brei zusammenrühren.

3 Die Butter in Stücken auf der Masse verteilen, von der Mitte her verkneten. Den Teig 30 Minuten kalt stellen.

4 Ein Backblech einfetten. Den Teig auf einer bemehlten Fläche ausrollen und auf das Blech legen, mit der Sahne bestreichen.

5 Für die Streusel Mehl, Mandeln, Butter und Zucker vermengen. Mit zwei Gabeln oder den Händen daraus Streusel formen und auf dem Teig verteilen.

6 Im vorgeheizten Backofen bei 180 °C (Gas Stufe 2, Umluft 160 °C) etwa 25 Minuten backen.

Omas Geburtstags-kuchen

Für den Teig

150 g Butter
250 g Zucker
4 Eier
300 g Mehl
2 gestr. TL Backpulver

Für die Streusel

300 g Mehl
250 g Zucker
2 Pck. Vanillezucker
250 g kalte Butter
2 EL Kakaopulver
2 EL Milch

1 Für den Teig die Butter in einer Schüssel schaumig rühren. Den Zucker und die Eier zufügen und alles gut vermengen. Mehl und Backpulver vermischen, durchsieben und nach und nach in die Masse einarbeiten.

2 Ein Backblech mit Backpapier belegen, darauf den Teig geben und glatt streichen.

3 Für die Streusel das Mehl in eine Schüssel sieben und mit Zucker und Vanillezucker vermischen. Die Butter in Stückchen dazugeben.

4 Die Masse teilen und eine Hälfte mit dem Kakao und der Milch vermengen.

5 Aus beiden Streuselteigen mit zwei Gabeln oder den Händen Streusel formen und auf dem glatt gestrichenen Kuchenteig verteilen.

6 Im vorgeheizten Backofen bei 180 °C (Gas Stufe 2, Umluft 160 °C) etwa 20 Minuten backen. Den Kuchen aus dem Ofen nehmen und sofort das Backpapier abziehen.

Streuselkuchen mit Nussfüllung

Für den Teig

500 g Mehl
1 Pck. Backpulver
200 g Butter
125 g Zucker
3 Eier
1 Prise Salz
100 g gemahlene Mandeln
100 g zerlassene, ausgekühlte Zartbitter-Kuvertüre
1 EL Kakaopulver
½ TL Zimt
1 TL abgeriebene, unbehandelte Zitronenschale
50 g klein geschnittenes Zitronat
50 g Rosinen
2 EL Rum

Für die Füllung

300 g Puderzucker
50 g Honig
300 ml Schlagsahne
400 g grob zerkleinerte Walnusskerne

Für die Streusel

250 g Mehl
200 g Zucker
2 EL Kakaopulver
1 EL geriebene Zartbitter-Schokolade
1 Prise Zimt
1–2 Tropfen Rum-Aroma
200 g kalte Butter

Ausserdem

1–2 EL Eiweiß
4–5 EL Rum

1 Mehl und Backpulver vermischen und sieben. Die Butter mit dem Zucker schaumig rühren. Nach und nach die Eier, das Salz, die Mandeln, Kuvertüre, Kakao, Zimt, Zitronenschale, Zitronat, Rosinen und den Rum einrühren. Das Mehl allmählich zugeben, alles verkneten.

2 Ein Backblech einfetten. Den Teig in zwei Hälften teilen. Auf einer bemehlten Fläche ausrollen. Eine Teighälfte auf das Backblech geben, einen Rand hochziehen.

3 Für die Füllung Puderzucker und Honig in einen Topf geben und unter Rühren braunes Karamell bereiten. Die Sahne angießen, 5 Minuten einkochen lassen, dabei weiterrühren. Vom Herd nehmen und den Topf kurz in kaltes Wasser tauchen. Die Nüsse unter die Karamellmasse ziehen. Abkühlen lassen.

4 Die Karamellmasse auf den Teig streichen, die andere Teigplatte auflegen. Die Ränder etwas andrücken. Den Teig ringsherum mit Eiweiß bestreichen.

5 Für die Streusel das Mehl in eine Schüssel sieben und mit Zucker, Kakao, Schokolade, Zimt und dem Rum-Aroma vermischen. Die Butter in Stückchen zugeben, Streusel formen und aufstreuen.

6 Den Kuchen im vorgeheizten Backofen bei 200 °C (Gas Stufe 3, Umluft 180 °C) etwa 25 Minuten backen. Herausnehmen und den Kuchen mit Rum beträufeln.

Apfel-Nuss-Kuchen

Für den Teig

250 g weiche Butter
200 g Zucker
6 EL Weinbrand
1 Prise Salz
6 Eier
400 g Mehl
1 Pck. Backpulver
250 g gemahlene Haselnüsse

Für den Belag

2 EL gehackte Haselnüsse
1,2 kg Äpfel
2 EL Zitronensaft

Für die Streusel

250 g Mehl
150 g Marzipan-Rohmasse
100 g Zucker
1 Prise Zimt
225 g kalte Butter

Ausserdem

4–5 EL flüssige Sahne

1 Für den Teig die Butter, den Zucker, den Weinbrand und das Salz schaumig rühren. Die Eier unterrühren. Mehl und Backpulver vermischen, sieben und mit den Haselnüssen unter die Schaummasse rühren.

2 Ein Backblech einfetten, den Teig darauf geben und glatt streichen. Die gehackten Nüsse aufstreuen.

3 Die Äpfel schälen, in Viertel, dann in Spalten schneiden. Dabei das Kerngehäuse entfernen. Die Apfelspalten mit Zitronensaft beträufeln und auf dem Kuchenteig anordnen.

4 Für die Streusel das Mehl in eine Schüssel sieben, zerkleinertes Marzipan, Zucker und Zimt untermischen. Die Butter in Stückchen zugeben und Streusel formen. Die Äpfel damit bestreuen.

5 Den Kuchen im vorgeheizten Backofen bei 200 °C (Gas Stufe 3, Umluft 180 °C) etwa 25 Minuten backen. Den fertigen Kuchen mit flüssiger Sahne bestreichen.

Schokoladen-Streuselkuchen

Für den Teig

150 g weiche Butter
200 g Zucker
4 Eier
1 Prise Salz
150 g geriebene Zartbitter-Schokolade
75 g Mehl
3 Pck. Schokoladen-Puddingpulver
2 TL Backpulver
2 EL Milch
100 g gemahlene Haselnüsse

Für die Streusel

300 g Mehl
200 g Zucker
2 EL Kakaopulver
1 EL geriebene Zartbitter-Schokolade
200 g kalte Butter
2 TL Rum

Außerdem

50 g weiße Kuvertüre

1 Für den Teig die Butter in einer Schüssel schaumig rühren. Nach und nach Zucker, Eier, Salz und Schokolade zufügen. Mehl, Puddingpulver und Backpulver vermischen, mit der Milch zum Teig geben. Die Haselnüsse untermischen.

2 Ein Backblech einfetten, den Teig hineinfüllen und glatt streichen.

3 Für die Streusel das Mehl in eine Schüssel sieben und mit dem Zucker, dem Kakao und der Schokolade vermischen. Die Butter in Stückchen zugeben, Streusel formen, dabei den Rum zufügen. Die Streusel auf dem Teig verteilen.

4 Das Blech in den vorgeheizten Backofen schieben und bei 200 °C (Gas Stufe 3, Umluft 180 °C) etwa 20 Minuten backen.

Kokos-Streuselkuchen

Für den Teig

500 g Mehl
1 Würfel Hefe (42 g)
80 g Zucker
¼ l Milch
150 g geröstete Kokosraspel
150 g weiche Butter
1 Prise Salz
4 Eier

Für die Streusel

300 g Mehl
250 g Zucker
250 g kalte Butter
2 TL Milch
200 g Aprikosenkonfitüre
2 EL Aprikosengeist

1 Das Mehl in eine Schüssel sieben und eine Vertiefung in die Mitte drücken. Die Hefe zerbröckeln, mit 1 TL Zucker in etwas lauwarmer Milch verquirlen, in die Vertiefung gießen, etwas Mehl vom Rand einrühren, in der Mulde einen dickflüssigen Vorteig anrühren. 20 Minuten gehen lassen.

2 Den restlichen Zucker, die Kokosraspel, Butter in Flöckchen, Salz und Eier auf dem Mehlrand verteilen. Alles zu einem glatten Teig verkneten, dabei die restliche Milch zugeben. Nochmals 30 Minuten gehen lassen.

3 Ein Backblech einfetten. Den Teig auf einer bemehlten Fläche ausrollen. Auf das Backblech geben, einen Rand hochziehen, den Teig mit einer Gabel mehrmals einstechen.

4 Für die Streusel das Mehl in eine Schüssel sieben und mit dem Zucker vermischen. Die Butter in Stückchen und die Milch zugeben, Streusel formen und auf den Teig streuen.

5 Das Blech in den vorgeheizten Backofen schieben und bei 200 °C (Gas Stufe 3, Umluft 180 °C) etwa 20 Minuten backen.

6 Die Aprikosenkonfitüre mit dem Aprikosengeist leicht erwärmen, durch ein Sieb streichen, den Kuchen aus dem Ofen nehmen und damit überziehen.

Sirupkuchen

Für den Teig

500 g Mehl
30 g Hefe
100 g Zucker
¼ l Milch
1 Ei
4–5 EL frische oder getrocknete Holunderblüten
100 g weiches Butterschmalz
1 TL abgeriebene, unbehandelte Zitronenschale
1 Prise Salz
2 EL gehackte Mandeln
200 g Sirup

Für die Streusel

250 g Mehl
200 g Zucker
½ TL Zimt
2 EL Kakaopulver
1 EL geriebene Zartbitter-Schokolade
225 g kalte Butter

1 Das Mehl in eine Schüssel sieben, in die Mitte eine Vertiefung drücken. Die Hefe zerbröckeln, mit 1 TL Zucker in etwas lauwarmer Milch verrühren, in die Vertiefung gießen. Etwas Mehl vom Rand zugeben und einen dickflüssigen Vorteig anrühren. Zugedeckt 20 Minuten gehen lassen.

2 Auf dem Mehlrand den restlichen Zucker, das Ei, Holunderblüten, Butterschmalz in Flöckchen, Zitronenschale, Salz und die Mandeln anordnen. Von der Mitte her alle Zutaten zu einem glatten Teig verkneten, dabei die restliche Milch zugeben. 30 Minuten gehen lassen.

3 Ein Backblech einfetten. Den Teig durchkneten, auf einer bemehlten Fläche ausrollen, auf das Backblech legen, einen Rand hochziehen, den Teig mit einer Gabel mehrmals einstechen. Den Sirup gleichmäßig auf den Teig streichen.

4 Für die Streusel das Mehl in eine Schüssel sieben, mit Zucker, Zimt, Kakao und Schokolade vermischen. Die Butter in Stückchen zugeben, Streusel formen und auf den Teig streuen.

5 Im vorgeheizten Backofen bei 200 °C (Gas Stufe 3, Umluft 180 °C) etwa 20 Minuten backen.

Dickkuchen

Für den Teig

500 g Mehl
35 g Hefe
100 g Zucker
200 ml Milch
2 Eier
1 TL abgeriebene,
unbehandelte Zitronenschale
100 g gehackte Mandeln
100 g fein geschnittenes Zitronat
200 g Rosinen
1 Prise Salz
100 g weiche Butter

Für den Belag

300 ml Schlagsahne
100 g Honig
200 g gemahlener Mohn
125 g Marzipan-Rohmasse
4 EL Weinbrand

Für die Streusel

250 g Mehl
100 g gemahlene Mandeln
200 g Zucker
1 EL Eierlikör
225 g kaltes Butterschmalz

Außerdem

4–5 EL Eierlikör

1 Für den Teig das Mehl in eine Schüssel sieben, in die Mitte eine Vertiefung drücken. Die Hefe zerbröckeln, mit 1 TL Zucker in etwas lauwarmer Milch verrühren, in die Vertiefung geben. Etwas Mehl vom Rand einrühren und einen dickflüssigen Vorteig anrühren. Zugedeckt an einem warmen Ort 20 Minuten gehen lassen.

2 Auf dem Mehlrand den restlichen Zucker, die Eier, Zitronenschale, Mandeln, Zitronat, Rosinen, Salz und die Butter in Flöckchen anordnen. Von der Mitte her alle Zutaten zu einem glatten Teig verkneten, dabei nach und nach die restliche Milch zugeben. Zugedeckt an einem warmen Ort 30 Minuten gehen lassen.

3 Für den Belag Schlagsahne und Honig in einen Topf geben, zum Kochen bringen, Mohn einrühren, mehrmals aufwallen lassen, das Marzipan in Stückchen zufügen, alles gut verrühren. Danach den Weinbrand zugeben. Die Masse auskühlen lassen.

4 Ein Backblech einfetten. Den Teig durchkneten, auf einer bemehlten Fläche ausrollen und auf das Backblech geben. Den Teig mit einer Gabel mehrmals einstechen. Mit dem Finger kleine »Gruben« in den Teig drücken. Die Gruben mit der abgekühlten Mohnmasse füllen.

5 Für die Streusel das Mehl sieben und mit den Mandeln, dem Zucker und dem Eierlikör vermischen. Das Butterschmalz in Stückchen zugeben, mit den Händen oder zwei Gabeln Streusel formen und den Dickkuchen damit bestreuen.

6 Das Blech in den vorgeheizten Backofen schieben und den Kuchen bei 200.°C (Gas Stufe 3, Umluft 180.°C) etwa 25 Minuten backen. Den fertigen Kuchen herausnehmen und mit Eierlikör beträufeln.

Streuselkuchen mit Mandelfüllung

Für den Teig

150 g abgetropfter Quark
100 ml Milch
1 Ei
1 Eigelb
8 EL Öl
100 g Zucker
1 Prise Salz
500 g Mehl
1 Pck. Backpulver

Für die Füllung

400 g gemahlene Mandeln
200 g Zucker
2 Eiweiß
1 Eigelb
6 EL Wasser

Für die Streusel

300 g Mehl
200 g Zucker
1 Pck. Vanillezucker
1 Prise Zimt
2 EL Kakaopulver
200 g kaltes Butterschmalz

Ausserdem

100 g weiße Kuvertüre

1 Für den Teig den Quark durch ein Sieb streichen. Mit Milch, Ei, Eigelb, Öl, Zucker und Salz gründlich verrühren. Mehl und Backpulver vermischen, einen Teil des Mehls einrühren, das restliche Mehl unterkneten.

2 Ein Backblech einfetten. Die Hälfte des Teiges auf einer bemehlten Fläche ausrollen, auf das Backblech geben und den Rand hochziehen.

3 Für die Füllung die Mandeln in eine Schüssel geben und mit Zucker, Eiweiß, Eigelb und Wasser gründlich verrühren. Die Masse gleichmäßig auf den Teig streichen.

4 Den restlichen Teig ausrollen und auf die Mandelmasse legen. Die Ränder ringsherum etwas andrücken.

5 Für die Streusel das Mehl in eine Schüssel sieben. Zucker, Vanillezucker, Zimt und Kakao untermischen. Das Butterschmalz in Stückchen zugeben, mit den Händen oder mit Hilfe von zwei Gabeln Streusel herstellen. Den Teig mit den Streuseln belegen.

6 Den Kuchen im vorgeheizten Backofen bei 200 °C (Gas Stufe 3, Umluft 180 °C) etwa 30 Minuten backen. Etwas abkühlen lassen. Die Kuvertüre schmelzen und den Kuchen damit dekorieren.

Variante

Anstelle der Mandeln können Sie auch Haselnüsse verwenden. Besonders gut schmeckt der Kuchen dann, wenn er nach dem Backen mit 4–5 EL leicht erwärmtem Johannisbeergelee überzogen wird. Das feine Johannisbeergelee können Sie leicht selbst herstellen.

Dazu brauchen Sie

500 g Zucker, 4 EL Zitronensaft, 100 g Himbeeren, ½ l frisch gepresster Johannisbeersaft

So wird es gemacht

Zucker, Zitronensaft und Himbeeren mit dem Johannisbeersaft verrühren. So lange rühren, bis sich der Zucker aufgelöst hat. Danach durch ein Sieb geben. Die Flüssigkeit in gut schließende Twist-Off-Gläser füllen. Nach 2 bis 3 Tagen hat das Gelee die nötige Konsistenz.

Kuchen mit Nuss-Ingwer-Füllung

Für den Teig

200 g flüssiger Honig
150 g Zucker
50 g Butter,
3 EL Wasser
1 Ei
1 TL Hirschhornsalz
3 EL Milch
½ TL Pottasche
10 g Lebkuchengewürz
500 g Mehl

Für die Füllung

200 g Möhren
60 g kandierter Ingwer
200 g Walnusskerne
80 g Butter
2 Eier
50 g Zucker
50 g flüssiger Honig
2 TL gemahlener Ingwer
1 TL Zimt
50 g Mehl

Für die Streusel

250 g Mehl
200 g Zucker
2 EL Kakao
200 g kalte Butter

Ausserdem

125 g bittere Orangenmarmelade
80 g weiße Kuvertüre

1 Für den Teig den Honig, 100 g Zucker, die Butter und 3 EL Wasser in einen Topf geben und erhitzen, bis sich der Zucker aufgelöst hat. Vom Herd nehmen, auskühlen lassen.

2 Den restlichen Zucker mit dem Ei schaumig schlagen. Das Hirschhornsalz in 2 EL Milch auflösen. Die Pottasche in der restlichen Milch auflösen. Das Lebkuchengewürz mit dem Mehl vermischen und sieben.

3 Den Eischaum, die abgekühlte Honigmasse, das Hirschhornsalz mit der Milch und das Mehl mit dem Lebkuchengewürz verrühren, die aufgelöste Pottasche zufügen. Einen glatten Teig kneten und über Nacht kalt stellen.

4 Für die Füllung die Möhren putzen, schälen, fein raspeln, den Saft ausdrücken. Den Ingwer fein schneiden, die Nüsse hacken. Die Butter zerlassen. Eier, Zucker und Honig schaumig rühren. Nüsse, Ingwer, Ingwerpulver, Butter, Möhren, Zimt und Mehl unterheben.

5 Den kalten Kuchenteig teilen. Beide Teigstücke auf einer bemehlten Fläche ausrollen. Ein Backblech einfetten, eine Teigplatte hineinlegen und den Rand

hochziehen. Den Teigboden mit einer Gabel mehrmals einstechen. Mit der Nuss-Ingwer-Masse bestreichen. Die andere Teigplatte auflegen, die Ränder andrücken. Den Teig mit einer Gabel mehrmals einstechen. Mit der erwärmten Orangenmarmelade bestreichen.

6 Für die Streusel das Mehl in eine Schüssel sieben, mit dem Zucker und dem Kakao vermischen. Die Butter in Stückchen zugeben, mit den Händen Streusel formen und auf dem Kuchen verteilen.

7 Den Kuchen im vorgeheizten Backofen bei 200 °C (Gas Stufe 3, Umluft 180 °C) etwa 30 Minuten backen. Herausnehmen, auskühlen lassen. Die Kuvertüre schmelzen und den Kuchen damit verzieren.

Mandel-Schoko-Kirsch-Kuchen

Für den Teig

400 g Mehl
2 TL Backpulver
250 g Zucker
1 Pck. Vanillezucker
2 EL Kakaopulver
1 Prise Zimt
1 Ei
1 Prise Salz
250 g kalte Butter

Für den Belag

1,5 kg entsteinte Sauerkirschen
150 g Zucker
30 g Speisestärke
1 EL Zitronensaft
1 EL Rum
100 g gehackte Mandeln

Für die Streusel

250 g Mehl
50 g gemahlene Mandeln
200 g Zucker
2 EL Kakaopulver
1 EL geriebene Halbbitter-Schokolade
1 EL Eierlikör
225 g kalte Butter

Ausserdem

3 EL Puderzucker
1–2 EL Rum

1 Das Mehl mit dem Backpulver vermischen, in eine Schüssel sieben, in die Mitte eine Vertiefung drücken. Zucker, Vanillezucker, Kakao, Zimt, das Ei und das Salz in die Vertiefung geben und mit einem Teil des Mehls zu einem dicken Brei verarbeiten. Die Butter in Stücke schneiden, auf den Brei geben. Alle Zutaten zu einem glatten Teig verkneten. 30 Minuten kalt stellen.

2 Inzwischen für den Belag die Kirschen mit dem Zucker vermischen, einige Zeit zum Saftziehen stehen lassen. Die Kirschen durch ein Sieb geben, den Saft auffangen. In etwas Saft die Speisestärke glatt rühren.

3 Den restlichen Saft in einem Topf zum Kochen bringen, die Speisestärke einrühren, aufkochen lassen, vom Herd nehmen. Zitronensaft und Rum einrühren, die Kirschen untermischen. Auskühlen lassen.

4 Ein Backblech einfetten. Den Teig auf einer bemehlten Fläche ausrollen, auf das Blech legen und einen Rand hochziehen. Die gehackten Mandeln aufstreuen, die Kirschmasse darauf streichen.

5 Das Mehl in eine Schüssel sieben und mit den Mandeln, dem Zucker, dem Kakao, der Schokolade und dem Eierlikör vermischen. Die Butter in Stück-

chen zugeben. Streusel formen und auf der Kirschmasse verteilen. Im vorgeheizten Backofen bei 200 °C (Gas Stufe 3, Umluft 180 °C) 25 Minuten backen.

Den Kuchen auskühlen lassen. Den Puderzucker mit dem Rum verrühren, die Masse in dünnen Fäden über den Kuchen ziehen.

Backtipps

Aprikosenkonfitüre gibt dem Backwerk den letzten Pfiff. Überziehen Sie fertigen Kuchen mit 1–2 EL leicht erwärmter Aprikosenkonfitüre.

Backapfel: Zum Backen eignen sich Sorten wie Boskop, Jonagold, Gravensteiner, Cox Orange und Ingrid Marie.

Garprobe: Um zu prüfen, ob der Kuchen gar ist, machen Sie die Probe mit dem Holzstäbchen. Stechen Sie einen Zahnstocher, einen Schaschlikspieß oder ein anderes dünnes Holzstäbchen in den Kuchen. Wenn kein Teig hängen bleibt, ist der Kuchen fertig.

Himbeeren: Damit der Aromaverlust bei den Beeren nicht zu groß wird, die Früchte möglichst nicht waschen, sondern nur abtupfen oder in ein Sieb legen und in eine Schüssel mit lauwarmem Wasser tauchen. Schnell wieder herausnehmen und abtropfen lassen. Niemals unter fließendem Wasser waschen! Da verschwindet das Aroma im Ausguss.

Pflaumenmus schmeckt das ganze Jahr über. Die Herstellung ist einfach: 3 kg Zwetschgen waschen, entsteinen und durch den Fleischwolf drehen. Die Masse mit 1 TL Zimt, ½ TL gemahlenen Nelken und Zucker nach Geschmack (etwa 500 g) in die Grillpfanne des Backofens geben. Das Mus im vorgeheizten Backofen bei 160 °C (Gas Stufe 1–2, Umluft 140 °C) etwa 4 Stunden einkochen, dabei die Tür einen Spaltbreit offen lassen. Hin und wieder umrühren. Das Mus ist fertig, wenn es sich mit dem Kochlöffel teilen lässt und nicht gleich wieder zusammenfließt.

Lebkuchensahne: 2 Blatt weiße Gelatine, 150 g Zartbitter-Kuvertüre, 3 Eier, 1 EL Zucker, 2 Päckchen Vanillezucker, 1 EL Lebkuchengewürz, 400 ml Schlagsahne. Die Gelatine in kaltem Wasser einweichen. Die Kuvertüre zerkleinern, über heißem Wasserbad schmelzen. Eier, Zucker und 1 Päckchen Vanillezucker schaumig rühren. Das Lebkuchengewürz und die Kuvertüre einrühren. Gelatine in wenig Wasser leicht erwärmen und auflösen. Auskühlen lassen und unter die Eimasse rühren. Die Creme 30 Minuten kalt stellen. Die Sahne mit dem restlichen Vanillezucker steif schlagen und unterheben. Passt gut zum Apfel-Nuss-Kuchen.

Rosenkonfitüre: 500 g ungespritzte, frisch gepflückte, stark duftende Rosenblütenblätter, Saft von 2 Zitronen, 1 kg Zucker. Die Blütenblätter waschen, den bitteren Stielansatz entfernen. Die Blütenblätter in ein Sieb geben, mit kochendem Wasser überbrühen, danach sofort in Eiswasser tauchen. Diesen Vorgang zweimal wiederholen. Die Blütenblätter ausdrücken, in eine Schüssel legen. Zitronensaft und 250 g Zucker untermischen. Den restlichen Zucker mit ¾ l Wasser erhitzen, die Blütenblätter hineingeben und unter Rühren zu einer Marmelade kochen. In vorbereitete Gläser füllen und kühl stellen.

Rosenzucker gibt Streuseln ein außergewöhnliches Aroma. 100 g ungespritzte, frisch gepflückte und duftende Rosenblütenblätter, Saft von 1 Zitrone und 100 g Zucker. Die Rosenblütenblätter waschen, den bitteren Stielansatz entfernen. Die Blätter mit dem Zitronensaft beträufeln und 3 Stunden ziehen lassen. Den Zucker zufügen, die Rosenblütenblätter darin zerreiben und in ein gut verschließbares Glas füllen.

Alphabetisches Rezeptverzeichnis

Impressum

ISBN: 978-3-8094-2703-2

Umschlaggestaltung: Atelier Versen, Bad Aibling
Layout: Epsilon2, Mundelsheim
Fotos: Karl Newedel, München; außer S. 5: Weltbild-Archiv; S. 9, 17, 21, 23, 27, 31, 39, 45, 49, 54, 57, 61, 64, 67, 79, 89; Weltbild-Archiv (Wolfgang Feiler)
Bildredaktion: Elisabeth Franz
Projektleitung: Anja Halveland

Satz: Epsilon2, Mundelsheim
Litho: Artilitho, Lavis (Trento)
Druck: Mohn media Mohndruck GmbH, Gütersloh

Printed in Germany

Mix
Produktgruppe aus vorbildlich bewirtschafteten Wäldern und anderen kontrollierten Herkünften
FSC
www.fsc.org Zert.-Nr. SGS-COC-001425
© 1996 Forest Stewardship Council

Verlagsgruppe Random House FSC-DEU-0100
Das für dieses Buch verwendete FSC-zertifizierte Papier Profimatt wurde produziert von Sappi Ehingen.

817 2635 4453 6271